**Randonnées vers les chapelles
et les cadrans solaires
de Haute-Provence**

Ce guide n'est pas une bible, ce n'est pas non plus un recueil exhaustif d'itinéraires pédestres. Il est seulement un choix de parcours nous paraissant très intéressant que nous avons établi en tenant compte de l'étendue de la zone décrite, de sa diversité, de tout l'éventail des adeptes de la randonnée, en essayant de refléter au mieux l'esprit du randonneur actuel, tout en suggérant des idées et des conceptions nouvelles. Nous parlons également des villages et de l'histoire qui se rattachent aux lieux visités.

NOTE DE L'ÉDITEUR

La pratique de la randonnée ne saurait en aucun cas dispenser de la réglementation ou des interdictions signalées sur le terrain.

Entre le moment où les itinéraires ont été élaborés et celui où vous effectuez la randonnée, réglementations et interdictions ont pu être modifiées, de nouveaux panneaux ont pu être implantés, vous devez impérativement en tenir compte.

Enfin, les auteurs ne peuvent en aucun cas être tenus pour responsables des infractions qui pourraient être commises par les utilisateurs du guide, notamment à l'encontre de la réglementation sur la propriété privée.

ISBN 2-85744-905-4
ISSN 1242-6261
© Édisud, La Calade, RN7, Aix-en-Provence, 1997.
Tous droits réservés.

Alexis & Corinne Lucchesi

RANDONNÉES VERS LES CHAPELLES ET LES CADRANS SOLAIRES DE HAUTE-PROVENCE

ÉDISUD

Photographies :
Corinne & Alexis Lucchesi

NOTES

Malgré tout le soin apporté à la rédaction de ce guide, il est possible que des modifications soient apparues sur le terrain depuis les premiers repérages ; de même des erreurs ont pu se glisser dans les textes ou les schémas. Je vous remercie de bien vouloir les signaler à l'éditeur pour corrections en vue des rééditions futures.

Les auteurs

Avant-propos

Depuis plus d'une décennie, la randonnée pédestre est devenue un phénomène de société dû aux contraintes causées par les conditions actuelles du mode de vie qui ne sont pas toujours adaptées à l'épanouissement de l'homme. Ces effets ont créé chez l'individu d'énormes besoins de calme et de solitude afin qu'il puisse se ressourcer en toute sérénité, et que seul le contact avec le milieu naturel peut satisfaire pleinement.

Si l'activité pratiquée apporte un défoulement physique qui génère une bonne hygiène corporelle, le cadre d'action amène le randonneur à vouloir satisfaire sa curiosité et en connaître davantage en recherchant "un plus" par un enrichissement culturel qui fait partie de son hygiène morale et mentale. On peut citer en exemple, les sciences de la nature ou de la terre qui sont au cœur du milieu qu'il fréquente ; mais aussi, la connaissance historique des lieux ; le mode, les raisons et la conception de l'architecture des édifices et vestiges qui ont signé l'empreinte du temps et qui jalonnent fréquemment les sentiers de ses escapades. Ce type d'évasion devenant de plus en plus en vogue est qualifié de "Randonnées à thèmes". Ce thème, nous l'avons choisi autour des "Chapelles et des cadrans solaires" qui restent les seuls témoignages vivants depuis le Moyen Âge. Après une fuite vers les chapelles du Var, nous abordons dans cet ouvrage ces deux sujets pour les Alpes de Haute-Provence, dont plus de 600 chapelles et une centaine de cadrans solaires ont été édifiés dans ce département. Mais les montagnes sont beaucoup plus élevées et moins accessibles que les modestes collines qui bordent la Méditerranée ; aussi ces sympathiques petits sanctuaires ne se détachent pas toujours des cimes ; vous les rencontrerez, le plus souvent, sur le flanc des coteaux, sur des plateaux ou autour de petites bourgades dont peu de hameaux n'ont pu être oubliés. On y découvre une richesse peu commune dans le style suivant la période de l'édification, mais ce qui est le plus curieux, c'est la conception variée des ouvrages d'une vallée à l'autre, qui se traduit souvent par la forme (les volumes en architecture), par les matériaux, par les toitures ou encore par les clochers…

Pour l'intérêt de l'utilisateur du guide, il va de soi que notre sélection, qui peut paraître restreinte, s'appuie sur le thème choisi avec un accent particulier sur les édifices plus marquant qui attirent l'attention des Monuments historiques, en tenant compte de la répartition géographique. Il est bien entendu que les "grands prieurés légendaires" comme Ganagobie, Salagon, Notre-Dame de Lure, Laverq… et les "sites exceptionnels" comme Vilhosc ou Dromon n'ont pas été oubliés.

Il est à noter que si certains édifices sont dégradés, voire même en ruines, d'autres, par contre, ont pu être restaurés avec l'aide de bienfaiteurs, de collectivités locales, ou tout simplement par des groupements de bénévoles. Mais ce patrimoine est gigantesque et les ressources nécessaires pour l'entretenir sont bien loin de satisfaire l'ensemble des besoins. Aussi, nous vous demandons de respecter ces lieux et d'éviter toutes dégradations supplémentaires qui pourraient être préjudiciable à tout jamais, alors qu'un espoir persiste afin de les faire renaître de leur poussière.

Essayant de rester fidèle à la réalité, nous nous sommes efforcés de donner un maximum de renseignements d'ensemble sur l'architecture, la conception suivant le lieu, l'historique, l'intégration au site et l'ensemble des curiosités sans pour autant entrer dans des détails approfondis et confessionnels qui font l'objet d'études spécialisées.

L'objectif recherché est avant tout de vous offrir une bonne journée de grand air et d'enrichir vos connaissances par une motivation qui ne peut qu'accroître l'intérêt de vos escapades.

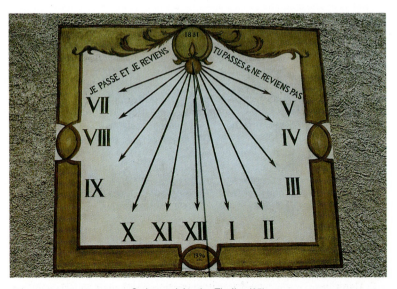

Cadran solaire des Thuiles (05)

Renseignements utiles

Situation géographique

Les Alpes-de-Haute-Provence, par leur position géographique est un département charnière entre le climat doux de la Méditerranée et celui assez rude des Alpes. Cette zone intermédiaire est souvent appelée "Préalpes calcaires du sud".

Moyens d'accès et de communication

1 — Par le réseau routier : l'ensemble du département est sillonné par des routes – aucune commune n'a été tenue à l'écart du réseau, malgré les problèmes techniques, dus au relief, ou climatiques, dus à l'enneigement lors de la saison hivernale – dont certaines, par conséquent, présentent quelques difficultés. Les principales agglomérations sont desservies par des services d'autocars. L'autoroute A51 relie Aix-en-Provence à Sisteron et sera très prochainement prolongée jusqu'à Gap.

2 — Par le chemin de fer : une liaison par chemin de fer relie Marseille à Briançon en suivant le cours de la Durance. Il y a également le célèbre petit train touristique des Pignes, des chemins de fer de Provence, qui part de Nice pour rejoindre Digne.

Cartographie

Pour vous rendre dans les Alpes-de-Haute-Provence et dans les sites concernés, nous vous conseillons :
- Cartes Michelin au $1/200000^e$, n° 81 et n° 84.
- Cartes IGN au $1/100000^e$, n° 54 Grenoble-Gap ; n° 60 Cavaillon-Digne ; n° 61 Nice-Barcelonnette ; n° 67 Marseille-Carpentras ; n° 68 Toulon-Nice.

En ce qui concerne les sites, chapelles et lieux de vos escapades, dans chaque itinéraire est précisé la carte nécessaire au $1/25000^e$ de l'IGN ainsi qu'un schéma dans le guide.

Hébergement

1 — Hôtellerie, auberges : généralement dans toutes les grandes communes et celles de moyennes importances. Se renseigner au préalable pour les petites communes auprès des syndicats d'initiatives, des offices de tourisme ou des mairies.

2 — Gîtes : il y a de nombreux gîtes d'étapes, gîtes ruraux et maisons d'hôtes dans le département ; se reporter à la brochure spécialisée remise à jour toutes les années par les gîtes de France.

3. Camping : les Alpes-de-Haute-Provence possèdent un réseau de campings très important, principalement dans les lieux très touristiques.

Ravitaillement

Les grandes communes et celles de moyennes importances vous offrent la possibilité de vous ravitailler ; il n'en est pas toujours ainsi pour les petites localités ; à vous de vous informer.

Le milieu naturel

La forêt tient une place prépondérante dans l'harmonie du département bien que le relief soit très souvent accidenté. Elle est composée de résineux (pins, épicéas, mélèzes) et de feuillus (chênes, hêtres, charmes, frênes) jusqu'à une altitude d'environ 1 500 m. Au-delà ce sont les arbustes puis les alpages suivant le versant.

La flore très riche offre de très nombreuses variétés d'espèces et sont différentes suivant que l'on se trouve au sud ou au nord du département. Flore des garrigues et méditerranéenne au sud, c'est une flore typiquement alpestre au nord.

Les variations du climat de ce département favorisent une diversification de la faune : porcins, certains rongeurs et carnassiers dans le sud, on trouve plus facilement des cervidés et autres rongeurs vers le nord. Il faut également signaler la présence de nombreux troupeaux de ovins, caprins et bovins dans les alpages ou les prairies.

Comment s'équiper ?

La morphologie du terrain, le climat, la période de l'année pendant laquelle on effectue les randonnées engendrent quelques conseils pour l'équipement.

1. Le terrain souvent accidenté de certaines randonnées nous incite à vous recommander de porter des chaussures montantes, style "trekking" avec semelle antidérapante.

2. Suivant la période de l'année, nous vous conseillons :
• contre le froid : des vêtements chauds, généralement en laine, ainsi que bonnet, gants, foulard de soie…
• contre la chaleur : short, chapeau de toile, lunettes de soleil, éventuellement crème solaire pour l'altitude…
• contre la pluie : cagoule en nylon étanche, couvre-sac.

3. Il est recommandé de transporter ses affaires dans un sac à dos de nylon imperméable avec armature souple, c'est le moyen le plus fonctionnel et le moins fatigant.

4. D'avoir avec soi : bidon vitrifié contenant une boisson désaltérante, couteau, ficelle, crayon, sac plastique, pharmacie de premier secours avec entre autre l'aspivenin, etc.

Recommandations importantes

Si pour vous la découverte d'un site, la promenade et la randonnée sont synonymes de détente, n'oubliez pas que la nature est très fragile, principalement dans le midi de la France où elle est souvent ravagée par des incendies en période de sécheresse et de mistral.

• Étant donné la vulnérabilité de la forêt, n'allumez donc aucun feu, ses marques sont irréversibles et ses dégâts souvent catastrophiques.

• Évitez de fumer, pour les mêmes raisons.
• La nature est votre terrain de jeu, ne la salissez pas, ne jetez aucun papier gras, aucune boîte de conserve, aucune bouteille, aucun plastique, et ne laissez derrière vous aucune trace de votre passage.
• Ne piétinez pas les prairies et les récoltes, mais marchez en bordure des champs.
• Regardez, sentez, photographiez la flore sans la cueillir.
• N'affolez pas les troupeaux ; si votre chien vous accompagne, veillez à ce qu'il ne poursuive pas le bétail en pâture. Les animaux peuvent, par affolement, sauter les barres rocheuses ou se précipiter dans des ravins, au risque de se blesser et même de s'y tuer. Cela risque, de plus, de vous coûter très cher.
• Soyez toujours correct avec les habitants.
• Ne faites pas de bruits inutiles, un minimum de discrétion et la nature vous remerciera de la tranquillité que vous lui accordez.
• Pas de camping en dehors des sites d'accueil.
• Ne quittez jamais le sentier.
• Méfiez-vous des pentes d'herbe glissantes.
• Ne faites pas rouler la moindre pierre, un autre randonneur peut se trouver au-dessous.
• Ne partez jamais seul. Si vous le faites toutefois, indiquez exactement votre itinéraire avant le départ.

Classement des itinéraires par types de randonneurs

• **Pour petits randonneurs :** itinéraires : 3-4-5-6-7-9-11-13-14-15-22-23-25-26-27-29-34.
• **Pour randonneurs moyens :** itinéraires : 1-2-8-10-12-16-17-18-19-21-28-30-31-32-33b-35-37.
• **Pour bons randonneurs :** itinéraires : 20-24-33a-36-38-39-40.

Caractéristiques des chapelles de Haute-Provence

L'ensemble des chapelles rurales dont nous faisons référence dans cet ouvrage qui représentent un intérêt architectural, sont pour la plupart de style roman et date du Xe au XIIIe siècles.

Du XVIe au XVIIIe siècles, lors des grandes épidémies de peste qui ravagèrent la Provence, il y eu l'apparition de chapelles votives.

Beaucoup de chapelles furent saccagées, reconstruites ou restaurées, notamment dans les parties alpines, proches des frontières, ce qui donne souvent un mélange de styles suivant les époques de restauration et les influences.

Quant aux chapelles contemporaines du XXe siècle, l'homme aujourd'hui n'a plus la foi de ses ancêtres, et la construction d'édifices religieux ne s'impose plus comme autrefois.

On ne peut parler des chapelles sans donner un aperçu de l'art roman. Notre région est le lieu privilégié du premier art roman de l'architecture du XIe siècle, mais elle peut aussi se targuer d'une admirable floraison d'art roman classique.

On peut distinguer deux sortes de romans : le roman de Haute-Provence et le roman alpin. La séparation se situe aux environs de Digne ; cet art se différencie au fur et à mesure que nous nous enfonçons dans la vallée de l'Ubaye et dans celle du Haut-Verdon. Toutefois, il faut savoir que lorsque le roman est en pleine expansion en Provence, le gothique l'est dans le nord de la France.

En Haute-Provence, dès le Xe siècle, à côté des paroisses rurales qui se constituent et qui se développent lentement grâce au christianisme, les établissements monastiques deviennent des vifs foyers de ferveur religieuse et de maintenance de la culture.

Le premier art roman en Haute-Provence se développe, et va se caractériser par la rude beauté de certains édifices. En règle générale, ils possèdent un appareillage irrégulier, dont seuls les angles et l'encadrement des baies sont en pierre de taille, la nef est rectangulaire et comporte une ou plusieurs travées. Le chevet est de forme variable, la couverture extérieure qui protège la voûte de la nef ou de l'abside est en lauzes, ou, par souci de conservation et d'économie sont maintenant en tuiles provençales. Les ouvertures sont souvent orientées vers le midi pour éviter les violences du mistral et sont soit ouvertes sur la face opposée à l'abside, soit sur la partie latérale droite. La porte est très petite aux claveaux assez bien taillés. L'entrée est souvent surmontées dans son axe d'un oculus, les ouvertures qui éclairent la nef sont étroites, élancées et ébrasées à l'intérieur dans la plupart des cas.

Les clochers sont pour la plupart des clochers-murs à arcades, à une ou plusieurs baies, terminés par un petit pignon à double pente.

A l'intérieur, les fermes en bois qui supportaient la couverture ont été supprimées pour des raisons d'incendies. La voûte fut réemployée, elle est soit plein cintre, soit en berceau brisé. Les voûtes reposent sur les parois latérales, elles sont soutenues par des arcs doubleaux qui s'appuient sur les piliers de travées.

La Provence va trouver un équilibre économique, religieux et politique. Les abbayes se constituent notamment grâce à l'abbé de Cluny. Parallèlement, le grand mouvement de renouveau qui se manifeste dans tout le bassin méditerranéen va donner naissance à une architecture religieuse originale.

Dès le XIIe siècle, le roman classique apparaît et va se caractériser par une architecture plus soignée, mais tout aussi sobre. Les édifices sont en pierres de taille, les détails sont affinés, les cordons moulurés apparaissent, etc.

Quant à l'architecture romane alpine, elle a été fortement marquée par le christianisme qui s'est répandu sur la côte et dans les Alpes. L'influence italienne du nord s'est développée suivant l'antique *Via Domitia* dans la vallée de la Durance.

Au XIe et au début du XIIe siècles, les Alpes apparaissent comme un diffuseur du premier art roman méridional.

L'apparition des églises à trois absides, des cryptes en sous-sol sous l'abside et le chevet (les cryptes ne sont plus compartimentées, il n'y a plus que les colonnes centrales monolithes, des colonnes engagées, et d'étroites fenêtres ébrasées), font référence au modèle Lombard.

Dès le XIIe siècle, la forme a évolué et s'est caractérisée par des écoles lombardes et provençales. De la fusion des deux est né l'art roman alpestre. Il se caractérise par une nef unique à trois ou quatre travées, voûtée en berceau d'une portée de huit à dix mètres de large. La nef se termine par une abside semi-circulaire ou par un chevet plat (plus économique) qui correspondait à une communauté restreinte aux ressources modestes.

L'art roman du XIIe au XIIIe siècles est plus complexe, la structure modifiée selon la conception française s'allie avec les décors lombards.

Chapelle Saint-Claude à Noyers-sur-Jabron

Vous remarquerez au cours de vos randonnées, une nette différence d'architecture entre la Provence et la zone alpine.

Les chapelles sont très présentes dans les vallées reculées de l'Ubaye et du Haut-Verdon. La plupart de ces chapelles sont rustiques et de très petites tailles. En général, elles possèdent un toit à deux pentes en bardeaux (souvent remplacés par des tôles en zinc ondulées), un clocher central en pierre, mais le plus souvent en structure bois surmonté d'une toiture en pyramide de bois. Ces clochers ne sont pas d'origine mais ils ont gardé leur emplacement. Elles ont une charpente en bois cachée par un faux plafond plat ou voûté en berceau, en bois, recouvert de plâtre ; un chevet plat sert de chœur. Le sol est dans la plupart des cas en bois sur lambourdes. On retrouve l'influence de l'art italien par les décors célestes peints à la chaux, les fresques et les trompes l'œil reproduisant les claveaux, les pieds-droits en marbre des encadrements des portes d'entrée.

La chaux est largement employée aussi bien à l'intérieur qu'à l'extérieur. La plupart du temps ces chapelles sont dans un état pitoyable. L'emploi du bois, des techniques diverses à la chaux sont largement employés dans la zone alpine, tandis que, en Haute-Provence, la pierre est l'élément essentiel qui ressort.

Glossaire

Abside : enfoncement de forme circulaire ou polygonale ménagée derrière le chœur d'une église. L'origine est dans la basilique romaine.

Absidiole : petite abside. Chapelle en hémicycle conçue autour de l'abside ou placé au terme d'une collatéral.

Antépendium : garniture devant un autel.

Arcature : suites de baies couvertes par un arc.

Architrave : partie de l'entablement qui se trouve immédiatement sur les chapiteaux des colonnes.

Baie : ouverture dans un mur pour former une porte ou une fenêtre.

Bas-côté : nef parallèle et plus basse que la nef principale de l'église.

Batière : toit à deux pentes.

Cancel : balustrade séparant le chœur.

Chaire : petite tribune où sont prononcés les sermons.

Chantre : celui qui chante dans le chœur.

Chapiteau : partie sculptée en saillie au-dessus d'une colonne ou d'un pilastre. Sa forme est caractérisée par l'ordre auquel appartient la colonne.

Chasse : coffre où sont conservées les reliques d'un saint.

Chevet : volume extérieur formé par l'abside de l'église (quand le chœur n'est pas prolongé par une abside, le chevet est plat).

Chœur : partie de l'édifice réservée au clergé et aux chantres.

Cippe : borne signalant une inscription votive.

Collatéral : nef parallèle et de même hauteur que la nef principale d'une église.

Croisée : croisée d'ogive ; croisement des nervures d'une voûte d'arête.

Cul-de-four : voûte formée par un quart de sphère ; elle a la forme d'une demi-coupole.

Déambulatoire : galerie de circulation tournant autour du chœur de l'édifice et de l'abside.

Entablement : élément qui se trouve entre le chapiteau et le linteau.

Épitaphe : monument commémoratif pour un défunt sous forme d'une plaque fixée au mur.

Frise : la partie la plus ornée de l'entablement.

Fronton : ornement triangulaire ou semi-circulaire couronnant un édifice, une baie.

Géminé : qualifie deux éléments architecturaux associés pour former un ensemble.

Meneau : traverse de pierre participant au remplage d'une baie.

Narthex : vestibule qui précède la nef ou antéglise.
Nef : partie de l'édifice qui s'étend de l'entrée au chœur.
Oculus : fenêtre généralement ronde et garnie d'un remplage.
Reliquaire : boîte contenant les reliques.
Retable : ornement d'architecture ou de menuiserie sculptée contre lequel est appuyé l'autel.
Sanctuaire : zone de l'édifice où est situé le maître-autel.
Tailloir : partie supérieure du chapiteau d'une colonne, qui porte l'architrave.
Tympan : panneau situé entre l'archivolte et l'ouverture d'une baie ou de l'entrée d'un édifice.
Transept : galerie transversale de l'édifice qui sépare le chœur de la nef.
Travée : les voûtes de longueur importante sont souvent divisées en travées par des arcs doubleaux transversaux.
Tribunal : partie comprenant le chœur et l'abside où le prêtre officie.
Tribune : mezzanine de l'église où est placé le buffet d'orgues.
Triforium : galerie s'étendant sur le pourtour intérieur de l'église au-dessus des archivoltes, des arcades.
Triptyque : tableau en trois morceaux dont deux extérieurs se replient sur celui du milieu.
Voussoir : chacune des pierres (claveaux) qui forment le cintre d'une voûte.
Voussure : voûte couvrant l'embrasure profonde d'une baie. Elle est en général appareillée en rouleaux en surplomb l'un sur l'autre.
Voûtes : construction en maçonnerie composée de pierres taillées couvrant un espace bâti et s'appuyant sur des murs, des piliers, etc. Voûtes en berceau : sa section est un demi-cercle mais peut aussi être un arc brisé. Voûte d'arête : naît de l'intersection de deux voûtes en berceau de même section. Voûte en croisée d'ogive : voir "croisée".

Dénomination des sigles

Concernant le bâti et dépendant du ministère de la Culture
MH : classé monument historique.
ISMH : sur l'inventaire supplémentaire des monuments historiques.

Concernant les sites et dépendant du ministère de l'Environnement
SC : site classé.
SI : site inscrit.

Concernant les objets et dépendant du ministère de la Culture
OM : objets mobiliers. Ils peuvent être soit inscrits à l'inventaire supplémentaire, soit classés parmi les monuments historiques.

14 / RANDONNÉES VERS LES CHAPELLES ET LES CADRANS SOLAIRES DE HAUTE-PROVENCE

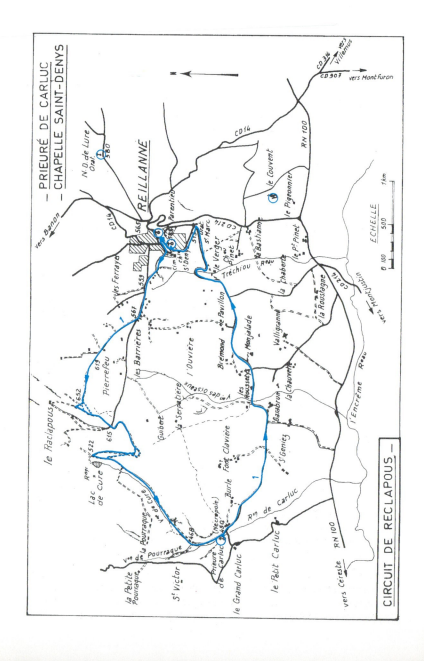

N° 1 – CIRCUIT DE RECLAPOUS

PRIEURÉ DE CARLUC
CHAPELLE SAINT-DENYS

Beau parcours de crête au départ où la vue s'étend sur le Luberon. Magnifique vallon ensuite jusqu'à Carluc. Traversée de la campagne authentique provençale.

Temps du circuit : 3 h 45

Dénivellation : montée 230 m ; descente 230 m

Kilométrage : environ 12 km

Cartographie : carte IGN au 1/25 000e feuille n° 3242 est "Reillanne-Pierrevert"

Description de l'itinéraire

Au village de Reillanne (alt. 565 m) parking sur la place de l'église (belle fontaine).

Curiosité

Cette église de l'Assomption est de style lombard-gothique ; elle possède un tableau des Apôtres du XVIIe siècle qui est classé. L'entrée habituelle dans cet édifice s'effectue sur le flanc est par une ouverture à pans coupés, surmontée d'un fronton triangulaire et d'un oculus octogonal, qui précède un narthex ; le clocher à deux arcades est situé à droite de l'entrée. Sur la façade se trouve la porte monumentale de style florentin qui date du XVIIIe siècle ; à l'arrière, très belle abside romane ; à l'intérieur, statue en bois doré et remarquable reliquaire du XVIe siècle.

Gagner le croisement occidental du village et, avec un tracé bleu, emprunter le chemin de Tréchioux qui descend en longeant à droite le mur du cimetière, puis remonte pour se trouver au carrefour avec le boulevard Jean-Jaurès (alt. 559 m) (tracé jaune arrive à droite).

— **Du parking : 10 mn.**

A gauche, vers l'ouest, suivre cette petite route ; laisser le chemin des Barrières à gauche et se trouver à une bifurcation (lieu-dit "Les Barrières") (alt. 567 m).

— **De l'accès au boulevard Jean-Jaurès : 10 mn.**

Avec le tracé jaune, vers le nord-ouest, prendre à droite le chemin de terre des Lavandins qui s'infiltre dans un bois de genêts et de pubescents, suivi par les lignes électrique et téléphonique. Sa côte est régulière ; de temps à autre, des petits chemins conduisent à des résidences ; arriver à un carrefour où le chemin effectue un coude à droite assez net (alt. 619 m).

— **Du début du chemin des Lavandins : 15 minutes.**

Abandonner le bon chemin pour continuer, avec le tracé jaune, dans le prolongement nord-ouest sur un sentier qui s'infiltre dans la chênaie ; longer d'abord la clôture d'un terrain de tennis à droite, puis sur un sol rocailleux, rencontrer d'anciennes restanques et des clapiers. A gauche, la vue s'étend sur les crêtes du Luberon et le sommet du Mourre Nègre. Un petit chemin s'écarte à gauche, – ne pas le suivre – mais atteindre quelques mètres plus loin un coude à droite sur la crête de Reclapous – croisement – (alt. 652 m). Vue sur le domaine de Reclapous au nord.

— Du chemin carrossable des Lavandins : 15 minutes.

Descendre à gauche, sud-ouest, (cairn) à un large chemin qui se dirige au sud ; plusieurs petits sentiers et chemins arrivent ou se détachent ; garder la ligne la plus évidente et arriver à une petite route où l'on retrouve le tracé bleu (alt. 615 m).

— De la crête de Reclapous : 10 mn.

Traverser la route en diagonale à droite et par un bon chemin, effectuer deux boucles successives. Se diriger au sud-ouest par une pente régulière à travers une chênaie. Se trouver à une bifurcation, prendre l'un ou l'autre des chemins, ils tracent une même courbe et se retrouvent plus bas ; vers le nord, descendre jusqu'à un croisement précédé par un terrain cultivé. On arrive devant le lac de Cure et d'une ruine (alt. 522 m).

— De la petite route : 15 minutes.

Immédiatement à gauche, par un chemin charretier aller vers le sud en suivant l'orée du bois qui limite la plaine, puis entrer dans la chênaie. Plusieurs chemins arrivent de part et d'autre ; garder la direction qui s'enserre dans le vallon de Cure en s'inclinant au sud-ouest. C'est en rive gauche du ruisseau que l'on traverse une pinède de pins noirs et à crochets face au domaine de Saint-Victor perché sur la colline en face. Plusieurs chemins se branchent à droite franchissant le cours d'eau par des remblais busés, puis suivre une clôture de part et d'autre. Après un plan d'eau (aulnes et roseaux) gagner un coude à gauche et environ 100 m plus loin rencontrer un chemin carrossable (confluent du ruisseau de Pourraque), (alt. 468 m).

— Du lac de Cure : 30 mn.

A gauche, vers le sud puis le sud-est, parcourir ce chemin qui conduit au prieuré de Carluc à un carrefour où passe une petite route (alt. 450 m), (GR6, tracé bleu et jaune).

— Du confluent avec le ruisseau de Pourraque : 10 mn.

Curiosité

On aborde Carluc au cœur d'un site magique où calme et fraîcheur se conjuguent. En rive droite du ruisseau de Pourraque, un petit sentier conduit à l'ensemble médiéval dont il ne reste aujourd'hui, seulement le prieuré et la nécropole. Classé monument historique, ce prieuré actuel date du XIIe siècle mais le plus ancien document écrit qui mentionne la présence de Carluc est une charte de 1011. Curieux édifice dont le vaisseau se compose d'une nef et d'une travée ainsi que d'une travée de chœur et d'une abside romane du XIIIe siècle pentagonale à l'extérieur et semi circulaire à l'intérieur dont la voûte d'ogive déploie six quartiers qui reposent sur des colonnettes. Trois grandes baies en plein cintre s'ouvrent dans l'abside. Le plafond de la travée de chœur forme une voûte d'arêtes qui s'appuie sur de forts piliers. Vous pouvez remarquer des chapiteaux romans à feuilles d'acanthe, un médaillon au plafond qui présente un Agnus Dei d'où se détachent les branches d'ogives et la clé de voûte de style gothique. A l'extérieur, l'extrémité des angles est ornée de colonnettes cannelées surmontées de chapiteaux sculptés de feuilles d'acanthe et d'animaux. Le chevet est décoré d'une frise de billettes. Le toit est recouvert de tuiles.

La nécropole paléochrétienne développe une galerie creusée dans la roche. Elle est formée de petites travées qui prennent appui sur des colonnettes assez courtes surmontées d'un chapiteau corinthien. Le fond de la galerie recouverte est percée de plusieurs ouvertures. Les banquettes de part et d'autre de la galerie sont creusées de tombes entre chaque entrecolonnement. Les derniers mètres de la galerie qui ont été taillés dans le rocher sont creusés de tombes anthropomorphes. Vous pouvez voir une croix potencée gravée dans un couloir taillé. Plus au nord, les vestiges d'une autre église, sans doute l'église Saint-Jean-Baptiste signalée au XIe siècle dans les textes, de plan presque carré, aurait pu servir de baptistère ; de nombreuses parties taillées en témoignent. Un escalier de hautes marches creusé dans le roc conduit à une chambre funéraire. Au-dessus, reste des ruines des remparts carolingiens. Toutefois, ce prieuré garde encore bien des secrets qui restent à découvrir ; par exemple : les bâtiments conventuels.

Revenir au carrefour, et vers l'est, avec le GR et le tracé bleu, emprunter la petite route. Passer à gauche d'un lac et à droite du domaine de Burle. C'est maintenant un parcours champêtre ; même si le sol est revêtu, la circulation est pratiquement nulle et le site jalonné de propriétés de part et d'autre est très agréable. Passer au bas du vallon des Oiseaux puis franchir le ruisseau du Tréchioux sur un pont qui l'enjambe. A un coude vers le nord, se trouver à une bifurcation (oratoire Saint-Marc à droite), (alt. 513 m).
— **Du prieuré de Carluc : 1 h 30.**

Prendre à gauche la petite route qui s'élève fortement (tracé bleu) longée à droite par une haie de cyprès puis de cèdres. Se trouver à l'entrée de l'agglomération haute de Reillanne. Emprunter à droite le chemin du Faubourg Saint-Denys et accéder à la chapelle au sommet de la colline qui domine de vastes plaines au sud et à l'est (alt. 583 m).
— **De l'oratoire Saint-Marc : 15 minutes.**

Curiosité

Chapelle remaniée au XVIIIe siècle, elle recèle des sculptures du XIIe siècle (classées monument historique). Sa façade principale comprend une porte à arc tronqué dominée par un oculus octogonal ; les flancs présentent un décroché. Derrière, une grande tour carrée avec une horloge surmontée d'un habitacle carré et d'une tour-clocher octogonale dominée par une vierge. A l'intérieur se trouve un autel de marbre polychrome. A l'est de l'édifice il n'y a plus que les ruines de l'ancienne chapelle Saint-Pierre dont il ne reste qu'une abside semi-circulaire et un mur-clocher à trois arcades. On peut deviner l'arase de la chapelle voûtée à berceau brisé et deux petites niches. A sa droite, table d'orientation et aire de méditation équipée de bancs.

Contourner la chapelle par l'ouest et descendre un petit chemin qui s'infiltre dans de petites ruelles et traboules ; par la Montée Saint-Denys, regagner la place de l'église du village de Reillanne (alt. 565 m).
— **De la chapelle Saint-Denys : 5 mn.**

— **Total du circuit : 3 h 45.**

A NE PAS MANQUER D'ALLER VISITER

I. Commune de Montfuron

• Chapelle Saint-Elzéar : à environ 400 m au sud du village (classée M.H.). Adossée au cimetière, sa façade est de style roman ; porte cintrée dominée par un oculus et un clocher avec arcade. A droite, trois contreforts massifs. L'intérieur s'ouvre dans un narthex ; derrière abside carrée.

II. Commune de Villemus

• Chapelle Saint-Étienne : (du XVIIe siècle), édifice roman remarquable.

III. Commune de Saint-Martin-les-Eaux

• *Chapelle romane Saint-Martin* : (classée M.H.). Façade très curieuse où s'appuie à gauche le presbytère et à droite la sacristie contre la travée de chœur surmontée d'un chevet avec ouverture lancéolée et d'un clocher-mur à deux arcades. L'entrée s'effectue sur le flanc sud-est ; vaisseau très décoré, il comprend une nef élancée, un transept à droite du chœur ; dans l'abside en cul-de-four ornée de cinq arcatures qui reposent sur des colonnes à chapiteaux se trouve l'autel sur assise centrale. On peut remarquer trois icônes de Berger, une dédicace romane et des pierres sculptées dont un bénitier. Devant l'édifice, un jardinet.

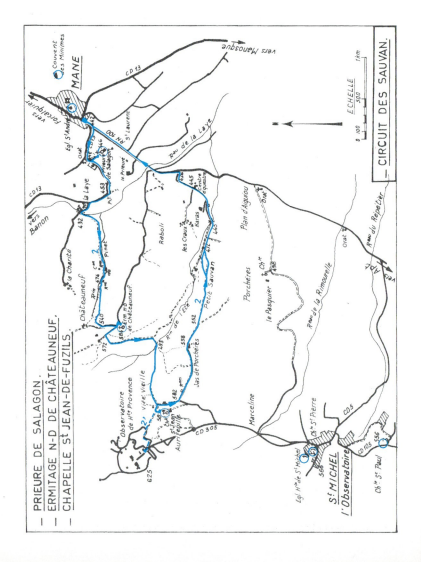

N° 2 – CIRCUIT DE SAUVAN

PRIEURÉ DE SALAGON, ERMITAGE NOTRE-DAME-DE-CHÂTEAUNEUF, CHAPELLE SAINT-JEAN-DE-FUZILS

Circuit varié à travers un paysage typique de la Haute-Provence où la lumière offre de magnifiques contrastes.

Temps du circuit : 3 h 15, pour randonneurs moyens

Dénivellation : montée 300 m ; descente 300 m

Kilométrage : 110 km environ

Cartographie : carte IGN au 1/25 000e feuilles n° 3241 est "Banon" et n° 3341 ouest "Forcalquier"

Description de l'itinéraire

A l'entrée sud du village de Mane (alt. 442 m) parking. Par la route (RN100), se diriger au sud-ouest en direction de Céreste sur environ 100 m où l'on emprunte la petite route CD13 qui se détache à droite vers l'ouest suivie par le GR6. A la première bifurcation – oratoire –, (alt. 447 m), prendre à gauche et se trouver devant le parking de l'Ancien Prieuré de Salagon (alt. 446 m).

— **Du village de Mane : 10 mn.**

Curiosité

Cet ancien prieuré du XIIe siècle est classé monument historique ; il fut édifié sur l'emplacement d'un site qui fut occupé par les romains, des vestiges témoignent. L'édifice a été remanié au XVIe siècle en style Renaissance, une chapelle gothique du XIIIe siècle prolonge le bas-côté de l'église. Au sud de l'église, salle romane, logis prieural gothique et tour de l'escalier. La façade de l'église, d'une architecture curieuse, est constituée d'une porte entourée d'une archivolte à trois voussures soutenues par trois colonnettes cannelées différemment de chaque côté supportant des chapiteaux corinthiens.

Sous l'archivolte, le tympan présente une peinture très endommagée du Christ tenant dans sa main gauche le globe terrestre avec deux anges à ses côtés. De part et d'autre de l'archivolte, il y a des sculptures ornementales ; au-dessus, dans l'axe de l'entrée, oculus à voussures dont l'œil central est ajouré d'une croix lobée ; le sommet du mur pignon est surmonté d'une petite croix latine en pierre. Derrière, perpendiculairement au chevet, au-dessus de l'abside on peut voir un clocher à deux arcades et une cours caladée qui accède au prieuré. A l'intérieur de l'église se trouve une nef à deux travées que prolonge une abside romane précédée par le chœur voûté en cul-de-four, où on décèle un collatéral de trois travées. Le plafond est formée d'un berceau brisé ; la caractéristique de ce prieuré est la série de petites sculptures isolées disposées à l'avenant aussi bien à l'intérieur qu'à l'extérieur de l'édifice et venant animer les murs sobres de l'église.

Autour du prieuré se trouve un jardin ethnobotanique. (Vous pouvez vous procurer des études très approfondies sur ce prieuré auprès de l'association Alpes de Lumière qui siège sur place.)

Poursuivre par la route avec le GR qui passe à gauche d'un stade, puis entre

une haute maison entourée de cèdres à droite et d'un pigeonnier et un puits à gauche. A un coude de la route : pilier (restauré en 1838), à gauche (alt. 453 m) ; plus loin, bifurcation. Prendre à gauche la petite route qui descend, passer à gauche d'une première petite croix de fer et atteindre le hameau de la Laye (deuxième croix en fer de 1864) qui précède un vieux pont de pierre qui enjambe le ruisseau de la Laye (alt. 432 m).
	— Du Prieuré de Salagon : 20 mn.

Après avoir franchi le pont, prendre le petit chemin immédiatement à gauche (avec le GR et un tracé bleu) qui longe le ruisseau en rive droite puis s'en écarter en s'élevant à droite. Passer une barrière à bétail (bien à refermer), c'est maintenant un petit sentier qui longe à gauche des pâturages et suit à droite le lit du ravin de Pinet ; arriver à une construction en ruines. La contourner à droite (plus haut : borie), passer de nouveau une barrière et descendre dans un bois de peupliers pour atteindre le lit du ravin (alt. 474 m). Traverser ce cours d'eau et monter sur l'autre rive (R.D.) par un sentier qui se faufile entre genêts et pubescents. Laisser une ruine à gauche, des rochers apparaissent, le sol devient rocailleux ; plus haut, aboutir à un croisement au sud des constructions du hameau de Châteauneuf-lès-Mane (alt. 540 m).
	— Du hameau de la Laye : 30 mn.

Prendre à gauche, circuler devant un hangar à foin et rencontrer un chemin carrossable. A gauche, vers le sud suivre celui-ci (lignes électrique et téléphonique) ; un autre chemin revêtu arrive à droite ; se diriger encore à gauche et atteindre, 100 m plus loin, un carrefour où à droite un large chemin s'élève vers la chapelle de Notre-Dame-de-Châteauneuf (ou de l'Assomption) – ermitage (alt. 584 m).
	— De l'accès à Châteauneuf-lès-Mane : 10 mn.

Curiosité

Cet édifice du XIIe-XIIIe siècle est classé Monument historique. Par sa position, il offre une vue magnifique. Avant d'aborder l'ermitage, on passe à droite d'une croix en fer, puis on se trouve devant l'abside plaquée contre le chevet de l'édifice qui est surmonté d'un clocher dominé par une vierge. A gauche, l'ermitage qui a été édifié au XVIe siècle, est aujourd'hui occupé par des religieuses. Sur la façade se trouve une porte encadrée d'un arc en plein cintre. L'intérieur comprend une nef de deux travées prolongée par l'abside semi-circulaire en cul-de-four avec une étroite baie axiale. Dans le chœur se trouve l'autel roman ; à l'entrée, de très beaux bénitiers sculptés, et au-dessus, une tribune.

Revenir au carrefour puis à la bifurcation qui le précédait, pour suivre le chemin de gauche, avec un tracé rouge et celui du GR, vers des constructions. Avant de les atteindre (alt. 572 m), s'écarter à gauche et aborder une descente d'abord vers l'ouest puis au sud par un bon chemin qui longe des champs. Au premier coude à gauche, l'abandonner pour s'engager sur un petit sentier à droite, avec les tracés et descendre à travers une chênaie de pubescents. Franchir le ravin de l'Été (alt. 493 m) et vers l'ouest s'élever de nouveau par un petit chemin. Traverser un champ de lavandes et en longer un autre à gauche. Un petit chemin arrive à droite en épi ; plus haut passer sous un cabanon, ensuite rencontrer un chemin carrossable où devant, se trouve la chapelle Saint-Jean-de-Fuzils (ou d'Aurifeuille) qui jouxte une habitation dans un site fabuleux où le ciel est l'un des plus pur de l'Europe (alt. 581 m).
	— De la chapelle Notre-Dame-de-Châteauneuf : 40 mn.

Curiosité

Édifice mis à l'Inventaire des monuments historiques ; il a probablement été érigé au VIIIe ou au IXe siècle, antérieur à l'art roman, car de style basilical. L'entrée dans la chapelle s'effectue par une porte datant de 1785 sous un arc légèrement cintré surmonté d'un oculus et d'un clocher à arcade. L'intérieur sobre possède une nef sans contrefort, prolongée par une abside où se trouve un autel reposant sur deux colonnettes pré-romanes. Sous une toiture de lauzes, on devine les traces d'une charpente qui a dû supporter un plafond en bois dans le passé. A droite (sud) de l'édifice, les restes de l'ermitage avec un étage où se trouvent des plafonds voûtés en pierres apparentes et un escalier typique.

Pourquoi Saint-Jean-de-Fuzils ? Simplement on y a découvert par le passé des silex servant de pierres à feu pour les fusils.

Hors itinéraire

Pour ceux qui désireraient rendre une visite à l'Observatoire de Haute-Provence, il suffit de prendre le chemin au nord de la chapelle qui s'enfonce dans une chênaie vers le nord-ouest pour aboutir à la petite route qui donne accès à l'entrée des installations (se renseigner pour les jours et heures de visites), (alt. 625 m).

Revenir à la bifurcation et se diriger vers le sud ; passer à droite d'une ruine et atteindre, environ 100 m plus loin, l'extrémité d'un chemin revêtu (alt. 582 m). Prendre à gauche, vers l'est, un chemin de terre carrossable ; passer une fois encore à droite d'une ruine, puis, au sommet d'une faible montée, s'incliner légèrement à gauche pour rejoindre le magnifique Jas de Porchères (chevaux), (alt. 558 m).

— De la chapelle Saint-Jean-de-Fuzils : 20 mn.

Poursuivre vers l'est par un petit chemin qui descend faiblement entre genêts et pubescents, sur environ 20 m avant un coude à droite, un petit sentier sur des plaques rocheuses se détache à gauche (alt. 552 m). L'emprunter ; par une pente régulière il traverse la très belle chênaie du Petit Sauvon où les arbres sont souvent enveloppés de lichens. Vers le bas, atteindre une bifurcation puis le chemin charretier qui longe à droite (RD) le ravin de l'Été (alt. 472 m).

— Du Jas de Porchères : 20 mn.

A droite, toujours vers l'est, longer le ravin et le franchir sur un pont qui l'enjambe. Le chemin maintenant revêtu circule entre un haras et un centre équestre, il s'incline au nord et après un crochet à droite, il aboutit sur la route RN100 (alt. 442 m).

— De l'accès du chemin charretier 20 mn.

A gauche, vers le nord, par la RN100, revenir au village de Mane situé à environ 1,400 km (alt. 442 m).

— De l'accès à la route RN100 : 25 mn.

— Total du circuit : 3 h 15.

A NE PAS MANQUER D'ALLER VISITER

I. Commune de Saint-Michel-l'Observatoire

• *Église Haute de Saint-Michel :* (classée M.H.). Datant du XIIe siècle, cette église romane a été progressivement agrandie, d'abord au début du XIIIe siècle sur le côté sud où fut élevé un corps de bâtiment devenu bas-côté ; au XVIe siècle, l'abside fut remplacée par un chevet rectangulaire voûté en berceau et le clocher-tour fut couronné d'un toit pyramidal ; au XVIIe et

XVIIIe siècles, une nouvelle chapelle fut construite entre les deux contreforts extérieurs. La travée de la nef qui précède le chœur est dominée par une coupole à huit cintres plats; autel et bénitier romans.
- Chapelle Saint-Pierre : (du XIIIIe siècle) de style roman. Remarquable.
- Chapelle Saint-Paul : (classée M.H.). Édifiée au XIIIe siècle. Ancienne tour romaine, elle fut aménagée en édifice religieux; de forme carrée, son toit de lauzes à quatre pentes est dominé par une petite croix au centre. On peut voir devant, les traces d'un ancien cloître. Sur la façade, la porte est entourée d'un arc voûté, de chaque côté, une colonne est surmontée d'un chapiteau corinthien à feuilles d'acanthe, au-dessus une petite ouverture; sur les flancs deux ouvertures rectangulaires ainsi qu'une dans l'abside.

II. Commune de Dauphin

- Chapelle Notre-Dame-d'Ubaye : (Nostro Damo d'Ubayo), (site inscrit à l'Inventaire). A l'est du magnifique village perché de Dauphin, à environ 2 km sur le CV qui longe le sud du Largue. Édifice remarquable du XVIIIe siècle au cœur d'un site pittoresque. En forme de croix latine, cette chapelle est en grande partie enveloppée de lierre. Sa porte est surmontée d'un fronton triangulaire avec une petite niche puis d'un oculus. Baies de chaque côté de la porte; au sommet, clocher; sur les flancs, de petites ouvertures; derrière, grande abside rectangulaire sur l'ensemble de la largeur du chevet qui est surmonté d'un petit clocher. Derrière, croix métallique; parking et aire de détente aménagée.

III. Commune de Saint-Maime (site classé)

- Église Saint-Maxime : (beaux tableaux).
- Chapelle Sainte-Agathe : (du XIIIe siècle). Fresques romanes; croix bifide de l'époque carolingienne dans une vasque pré-romane.

IV. Commune de Limans

- Église Saint-Georges : (en attente de classement M.H.). Datant du XIVe siècle, sa façade comprend une porte du XIIIIe siècle avec des éléments paléo-chrétiens, dominée par des arcs brisés qui reposent sur des colonnettes cannelées avec chapiteaux à végétaux; au tympan, quatre Agnus Dei sont représentés ainsi qu'un serpent lové; fleur de lys au-dessus de la voussure, et petite croix en pierre au sommet du fronton. L'édifice a été construit en croix latine avec des baies en arc brisé sur le transept. Derrière, contrefort aux angles; au-dessus du transept, clocher-mur à toit plat avec deux arcades. A l'intérieur, autel carolingien, culots sculptés et cancel en marbre.

N° 3 – AUTOUR DE SIMIANE-LA-ROTONDE

ÉGLISE SAINTE-VICTOIRE, LA ROTONDE, CHAPELLE NOTRE-DAME-DE-PITIÉ

Deux circuits différents et agréables passant souvent dans de magnifiques forêts.

Temps du circuit : circuit court 2 h 00, circuit long 2 h 15

Dénivellation : montée court 280 m, long 320 m - descente court 280 m, long 320 m

Kilométrage : court 5,800 km, long 6,800 km

Cartographie : carte IGN au 1/25 000ᵉ feuille n° 3241 ouest "Sault"

Description de l'itinéraire

Village perché, bâti étagé semi-concentrique avec les restes de remparts (alt. 690 m environ). Parking à l'entrée ouest de l'agglomération à une épingle de la route CD18. Vers l'ouest, revenir par la route jusqu'à la première épingle (alt. 668 m) où une autre petite route se détache pour remonter le ravin de la Combe. Emprunter le début de celle-ci sur environ 50 m et s'en écarter à gauche par une sente qui revient au nord-est puis s'élève sur un sol rocailleux, effectuant un coude au sud pour gravir le flanc ouest de la croupe de la colline du Défend à travers pubescents, amélanchiers et buis ; atteindre un croisement sur la croupe traversée par un tracé bleu (alt. 800 m).

— **Du village de Simiane-la-Rotonde : 30 mn.**

Prendre le chemin de droite avec le tracé bleu qui descend pour aboutir dans une combe au-dessus de la ferme Simon (alt. 788 m) – hangar à foin et chèvres.
— **Du croisement alt. 800 m : 10 mn.**

Deux possibilités se présentent

1. Itinéraire court par Chante-Merle

A gauche, emprunter le petit chemin qui remonte la combe vers le sud, en bordure d'une chênaie. Passer à gauche de murets et clapiers puis s'enfoncer dans le bois pour venir buter contre un chemin. A droite, le suivre jusqu'à un croisement (alt. 890 m). Prendre le bon chemin de gauche vers le sud-est et se trouver à un carrefour derrière la ruine du Jas d'Estelle (alt. 875 m) face à une culture de sarriette.

— **De la ferme Simon : 25 mn.**

Par le chemin le plus évident, rejoindre ce champ et le contourner par le sud-est où l'on rencontre un tracé bleu, puis par le nord-est. A un angle de ce champ, avec le tracé, s'engager sur un magnifique sentier rectiligne, au cœur d'une belle chênaie de pubescents, qui parcours le flanc de la colline de Chante-Merle vers

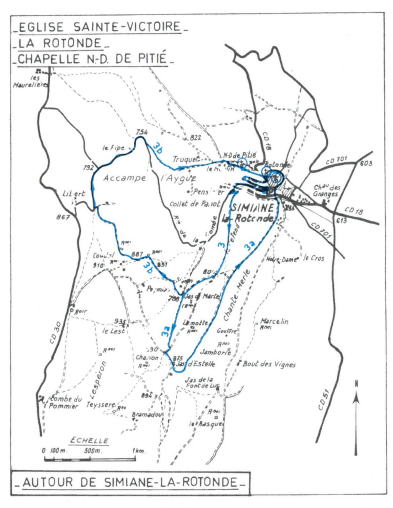

le nord-est par une pente régulière. Progressivement le sol devient rocailleux et le village de Simiane apparaît sous son plus bel angle. Ainsi rejoindre la route CD18 après avoir franchi le pont qui enjambe le ravin de la Combe (alt. 635 m) et regagner le parking (alt. 690 m).

— **Du Jas d'Estelle : 55 mn.**

— **Total du circuit : 2 h 00.**

2. Itinéraire long par Accampe d'Aygue

Traverser le vallonnement, avec le tracé et un point bleu, s'élever vers le nord-ouest par un bon chemin. Laisser à gauche un petit chemin qui monte et plus loin passer à gauche d'une ruine en pierre sèches avant d'amorcer une courbe pour aboutir à une bifurcation (alt. 887 m).

— **De la ferme Simon : 20 mn.**

Laisser le tracé bleu s'écarter à gauche sur un petit chemin, pour continuer directement vers l'ouest-nord-ouest. S'incliner à droite (nord) et traverser une zone clairsemée (ruines à droite) sur la croupe de la colline. Pénétrer de nouveau dans le bois de pubescents en descendant légèrement ; à un coude, se diriger à l'ouest en lisière de la forêt pour revenir plus loin au nord dans le bois afin d'atteindre un petit carrefour devant un champ (alt. 846 m) ; à gauche, par un sentier très raide, rejoindre à environ 100 m la boucle d'une petite route devant des cultures céréalières (alt. 831 m).

— **De la bifurcation alt. 887 m : 20 mn.**

A droite, au nord, emprunter cette route vers l'aval ; atteindre une bifurcation (alt. 792 m) où arrive à gauche le GR4. Avec celui-ci, poursuivre à droite par la route vers le nord-est puis le nord – ruines de la Pipe à gauche – et gagner une boucle à droite (alt. 754 m).

— **De l'accès à la route : 20 mn.**

Avec le GR, quitter la route pour s'engager à gauche sur un sentier qui s'élève vers le sud-est par une côte assez prononcée dans le bois de l'Accampe d'Aygue. Aboutir en bordure d'un plateau (alt. 812 m). Par un petit sentier vers l'est, entre des anciens murets de pierres sèches, se faufiler dans la chênaie et se trouver 100 m plus loin à un chemin – clapiers de part et d'autre, construction à droite. Prendre ce chemin, revêtu très rapidement, passer à droite de la propriété de Truquet, puis à gauche d'une autre demeure qui précède trois moulins en partie en ruines et atteindre la chapelle Notre-Dame-de-Pitié, à gauche.

Curiosité

La chapelle Notre-Dame-de-Pitié se situe au nord-ouest du village. Elle est mitoyenne à une ruine. Façade classique, l'encadrement de l'ouverture porte la mention 1835. Entre la nef et le chœur sur la toiture se trouve le mur-clocher à arcade. A l'arrière, abside et dépendance accolée au chœur.

Par un chemin rectiligne, descendre vers le haut du village de Simiane-la-Rotonde que l'on atteint, précisément à la Rotonde (alt. 738 m), (réservoir).

Curiosité

Cette Rotonde, classée Monument historique, est l'ancien Donjon du Château. Cet étrange édifice de style roman date du XIIe siècle. L'idée d'une telle architecture fut rapportée des croisades. De forme circulaire et en pans coupés ; à l'origine, elle était hexagonale à l'extérieur, elle n'est autre que le donjon du château médiéval dont on peut voir les restes d'une enceinte au nord. Aujourd'hui, on entre par une ouverture plein cintre dans un narthex, puis, par une voûte en ogive, on pénètre dans une vaste salle dodécagonale à pans irréguliers avec au-dessus un étage en coupole constituée d'arcs qui rejoignent au centre un gros oculus orienté vers le ciel. Ces arcs reposent sur des chapiteaux qui représentent des personnages supportés par des colonnes. Entre chaque colonnes, des absidioles avec arcs en ogive. De l'extérieur, vous pouvez admirer une grande baie en ogive à droite et une baie cintrée à gauche avec plusieurs motifs, ainsi que quatre bretèches s'ouvrant sur le haut de l'édifice. C'est l'ancienne chapelle du château, certainement l'un des plus curieux appareil de la Provence.

Par un dédale de petites ruelles très étroites, rejoindre le parking à l'entrée ouest du village (alt. 690 m).

— **De la petite route (alt. 754 m) : 35 mn.**

— **Total du circuit : 2 h 15.**

A NE PAS MANQUER D'ALLER VISITER

Commune de Simiane-la-Rotonde

• *Église Sainte-Victoire : datant du XVIe siècle (elle est classée M.H.), de style gothique-flamboyant de Provence. Assez massive, elle s'ouvre par une porte plein cintre surmontée d'un fronton. Au sommet, niche carrée avec une croix bulbée de 1585 surmontée d'un clocheton en fer forgé. Sur le côté est, puissants contreforts avec une tombe derrière le premier, ainsi que trois baies à double arcatures et lobe. Chevet à quatre pans dissymétriques. L'intérieur comprend trois nefs à trois travées. Cet édifice est un ancien prieuré.*

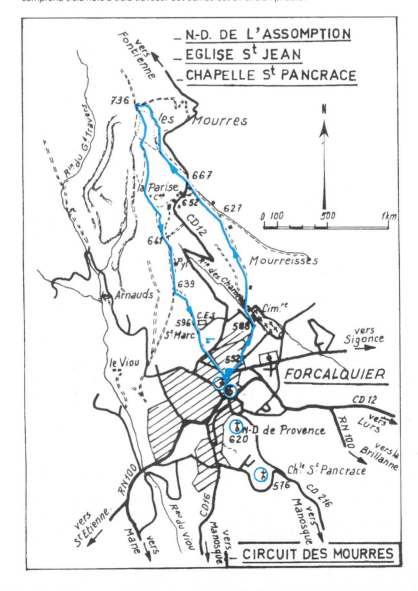

N° 4 – CIRCUIT DES MOURRES

NOTRE-DAME-DE-L'ASSOMPTION
CHAPELLE SAINT-PANCRACE

Curiosité unique que ces rognons rocheux aux formes de tête. Circuit très agréable pouvant meubler une demi-journée. Vue fabuleuse sur les Alpes du sud.

Temps du circuit : 1 h 45 pour petits randonneurs

Dénivellation : montée 200 m ; descente 200 m

Kilométrage : environ 5 km

Cartographie : carte IGN au 1/25 000e feuille n° 3341 ouest "Forcalquier"

Description de l'itinéraire

Au nord de la ville de Forcalquier, gagner le parking de l'école maternelle (alt. 552 m) situé proche du carrefour de la route CD16 allant à Sigonce.

Se diriger au nord-est et se trouver rapidement à une bifurcation. Prendre à gauche le chemin des Mourreisses qui monte progressivement jusqu'à dominer le cimetière de l'agglomération (site classé), (alt. 588 m) – fin du revêtement.

— Du centre de Forcalquier : 15 minutes.

A gauche vers le nord-ouest, prendre le chemin de terre. A la première bifurcation (tracé bleu) prendre à droite le chemin qui traverse le ravin des Charmets et s'élever en balcon ; passer à gauche d'une construction ; progressivement la vue est plus dégagée ; c'est sur un sol rocailleux que l'on vient buter en épi contre une voie carrossable (alt. 627 m). A droite, propriété entre les deux chemins – beaux cèdres.

— Du cimetière : 20 mn.

A gauche, vers le nord-ouest, parcourir cette voie ; celle-ci marque un coude à gauche ; ne pas l'effectuer mais continuer dans le prolongement par un petit sentier à travers une chênaie qui longe une lapinière et un chenil, afin d'atteindre la route CD12, à l'amont du petit hameau de la "Parise" (gîte d'étape), (alt. 667 m).

— De la bifurcation alt. 627 m : 10 mn.

Avec le tracé bleu, traverser la route et s'engager sur un chemin entre genêts, cades et pubescents ; très vite, se porter sur un sentier parallèle à droite et se trouver plus haut à un coude. Croisement. Prendre le sentier de gauche vers le nord qui monte légèrement en direction d'une multitude de champignons rocheux "Les Mourres" (tracé jaune), qui serpente autour d'eux afin d'aboutir à un large chemin (alt. 736 m). A gauche, rejoindre environ 100 m plus loin, un carrefour (GR6 traverse).

— De la route CD12 15 minutes.

Curiosité

Les Mourres sont des rochers ruiniformes très curieux. Généralement assez réduits à leur base, ils présentent un volume plus massif à leur partie supérieure, laissant planer votre imagination ; certains sont même reliés entr'eux et forment des arches.

A gauche, avec le GR, s'engager vers le sud sur un petit sentier qui zigzague entre des Mourres, passe sous une arche entre deux Mourres accolées, et sur un plateau mal défini, rejoint un chemin où le tracé bleu arrive à gauche. Vers le sud, suivre ce chemin. A une bifurcation, prendre à gauche, le parcours plus évident, et descendre sur un sol rocailleux, où l'on peut encore rencontrer quelques Mourres à gauche et un large thalweg à droite. C'est ensuite l'entrée dans une chênaie où l'on peut voir à gauche une borie enveloppée de lierre, puis arriver à une bifurcation. Laisser le chemin de gauche pour s'enfoncer dans la chênaie, longer ensuite une prairie jusqu'à un chemin qui arrive de gauche (alt. 641 m). Continuer directement vers le sud avec le GR et le tracé bleu vers des antennes que l'on contourne par un petit sentier à droite en balcon à travers genêts, au-dessus de Forcalquier et de la plaine du Viou, pour rejoindre plus loin un petit carrefour (alt. 639 m). S'engager sur le chemin de gauche qui descend sur des affleurements rocheux en longeant un muret ; aboutir à l'extrémité d'une route qui dessert un collège à gauche (alt. 596 m).

— **Des Mourres : 35 mn.**

Parcourir cette route sur une très courte distance ; à son premier coude à gauche, continuer dans son prolongement par le chemin des Cabanons Pointus, couper le CD12 puis retrouver le carrefour de la route CD16 et le parking de l'école maternelle (alt. 552 m).

— **Du collège 10 mn.**

— **Total du circuit : 1 h 45.**

A NE PAS MANQUER D'ALLER VISITER

I. Commune de Forcalquier

• *Notre-Dame-de-l'Assomption* : au centre de l'agglomération, elle est classée Monument historique. C'est une ancienne concathédrale qui date du XIIe siècle. De styles divers dû aux diverses époques de la construction et des restaurations, elle comprend une nef romane, un grand portail gothique, des absidioles gothiques de l'Ile-de-France du XIIIe siècle, une travée de chœur du XIIIe siècle, un clocher central gothique, ainsi que les orgues du XVIIe siècle. A gauche de l'entrée, tour de l'horloge avec campanile.

• *Chapelle Saint-Pancrace* : elle se trouve sur un mamelon au sud-est de la ville (mise à l'Inventaire des M.H.). On y accède par la route CD216 sur son versant nord-est. Parking à proximité d'un chevet qui comprend deux niches superposées auquel une construction a été adossée. Un petit chemin biblique caladé, y conduit, entre deux haies de cèdres. Cet édifice sis sur une galette rocheuse est plus large que profond avec un ermitage accolé. Son entrée principale, d'un style courant, est dominée par trois baies. Son abside romane date de 1133, elle est surmontée d'un chevet et d'un clocher plat. Le point de vue est très étendu vers le sud.

• *Chapelle de l'ancien Collège* : (classée M.H.), elle offre une façade magnifique d'un style peu commun. Située en face Notre-Dame-de-l'Assomption, elle fait office à ce jour de cinéma.

• *Église Saint-Jean* : (classée M.H., elle date du XIIe siècle. A son sommet se dresse un magnifique campanile du XVIIIe siècle. Elle servait de chapelle aux Pénitents Bleus au XVIIe siècle.

• *Chapelle Notre-Dame-de-Provence* : elle se situe au sommet de la colline qui domine la ville ainsi que les vallées qui l'entourent. De style romano-byzantin elle a été édifiée au XIXe siècle.

• *On peut citer également la chapelle Saint-Marc et celle de Notre-Dame-de-Fougères qui datent du XVe siècle.*

II. Commune de Sigonce

• *Église Saint-Claude* : du XIVe siècle, classée M.H. Elle se caractérise par sa toiture polylobée en lauzes. A l'est, son abside romane comprend un contrefort à chaque angle avec le chevet. La façade sud présente de magnifiques baies à arc brisé et à double vitraux joliment décorés ainsi qu'une porte en arc d'ogive. On aborde la façade principale à l'ouest sur un sol caladé et une aire de méditation. Devant l'édifice une croix de fer au sommet d'une colonne de pierre a été édifiée. L'entrée dans le sanctuaire s'effectue par une porte dominée par l'arc brisé d'une petite archivolte à trois voussures. Au-dessus, oculus et petite croix de fer. A l'arrière, un mur-clocher à deux arcades prolonge le chevet entre l'abside et la nef. A l'intérieur se trouve un mobilier très ancien. A l'angle de la rue qui précède l'édifice, on peut voir un buste de Saint-Claude dans une niche.

N° 5 – CIRCUIT DE LA BAUME

CHAPELLE NOTRE-DAME-DE-VIE
CHAPELLE NOTRE-DAME-DES-ANGES

Petit circuit dans un site prodigieux mis à l'inventaire. Des curiosités et de très beaux points de vue. Éviter les heures chaudes de l'été et les froides journées de l'hiver.

Temps du circuit : 1 h 30

Dénivellation : montée 100 m ; descente 100 m

Kilométrage : 4,500 km

Cartographie : carte IGN au 1/25 000e feuille n° 3341 ouest "Forcalquier"

Description de l'itinéraire

Au village de Lurs (alt. 610 m), parking à l'entrée de l'agglomération (S.I.). Vers le nord, traverser la place du Monument et franchir le porche de la Tour de l'Horloge (armoiries) présentant un cadran solaire et surmontée d'un campanile dont les cloches datent de 1499 ; puis passer devant l'église.

Curiosité

Cet édifice datant du Xe siècle possède une porte en bois sculptée dominée par un oculus. Au-dessus du chevet se trouve un clocher à trois arcades comprenant chacune une cloche. Style classique.

C'est par des ruelles caladées que l'on s'élève en laissant à gauche l'ancienne Chancellerie (salle d'exposition) puis le théâtre de verdure *Marius* afin d'arriver sur la place du Château. A gauche (ouest) longer les murs du château, d'abord de la partie restaurée puis des ruines et se trouver à un carrefour (panneau avec tracé bleu).

Hors itinéraire

A droite, un sentier passant dans une brèche conduit à un petit oratoire en bordure d'escarpement d'où l'on domine la vallée de la Durance ainsi que les sommets des Alpes-de-Haute-Provence.

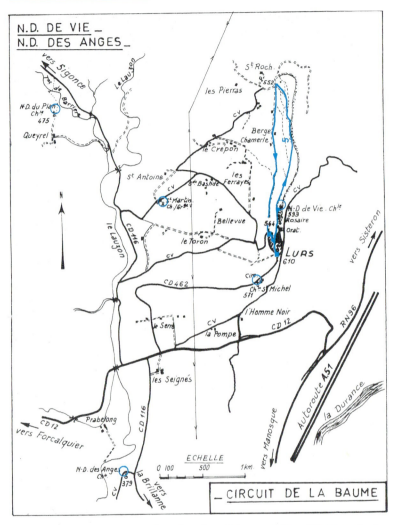

Face à nous, emprunter un bon chemin relativement plat – "Promenade des évêques" – bordé à droite des quinze stations du rosaire d'une mission datant de 1866, et à gauche, de petites échauguettes permettant de stationner afin de jouir d'une vue saisissante sur la plaine occidentale et sur la montagne de Lure. A l'extrémité de cette promenade un sentier se détache à gauche avec le tracé bleu ; quant à droite, une courte montée conduit à Notre-Dame-de-Vie (alt. 593 m).

— **Du parking à l'entrée du village de Lurs : 15 minutes.**

Curiosité

Ce chemin biblique, entouré d'une riche végétation, mène à la chapelle Notre-Dame-de-Vie dont la façade comporte un narthex avec deux colonnes. L'entrée s'effectue par une large ouver-

Chapelle Saint-Michel, à Lurs

ture avec une porte en bois à claire-voie. Au-dessus du porche, croix potencée de style savoyarde ; plus en arrière, un clocher ; sur les côtés de puissants contreforts. L'intérieur de style roman est assez sobre.

Revenir au sentier pour poursuivre avec le tracé bleu. S'infiltrer dans la chênaie qui longe la crête sur son versant occidental. Passer à gauche d'une vieille construction, puis se trouver à une première bifurcation. Prendre à droite à travers un bois très compact (yeuses, pubescents, cades, buis, genêts…) et arriver à une seconde bifurcation. Toujours avec le tracé bleu, se diriger à droite et côtoyer très vite la bordure de l'escarpement de la Baume. Le suivre par un bon petit sentier pendant environ cinq minutes, d'où la vue est magnifique ; subitement la trace s'écarte à gauche et pénètre de nouveau dans le bois où rapidement on atteint une bifurcation. Laisser le bon sentier de droite pour en suivre un autre à gauche moins évident au départ ; celui-ci descend progressivement et vient buter sur une zone récemment défrichée. Toujours vers le nord, gagner un carrefour de pistes et chemins (alt. 552 m)

— **De la chapelle Notre-Dame-de-Vie : 30 mn.**

Curiosité
On se retrouve face à la très belle ferme Saint-Roch où s'étendent des champs cultivés avec un joli puits au milieu.

Prendre le bon chemin immédiatement à gauche (tracé bleu) qui se dirige au sud – suivant des informations ce dernier serait une ancienne voie romaine ou julienne. Dominer le domaine des Pierras caractérisé par un très beau cèdre; progresser à l'orée d'une chênaie à gauche, et de champs à droite dont certains sont en friches ou mis en jachères. Passer à gauche d'une construction, ensuite à droite de la campagne Berge et peu après à gauche de celle de Chamerle. Un chemin privé se détache à droite pour rejoindre la ferme de Crépon; poursuivre vers le sud en longeant parfois un vieux muret à gauche et après être passé au-dessus d'une résidence, aboutir à la boucle d'une route (CV), (alt. 544 m).
   — Du carrefour alt. 552 m : 35 mn.

A gauche, emprunter cette route sur environ 50 m où un petit sentier s'écarte en épi à gauche vers l'oratoire Sainte-Anne enveloppé de lierre; s'y diriger, c'est ensuite une montée dans un dédale de ruelles très étroites caladées que l'on se faufile entre les habitations à caractère typique, passer sous des porches pour accéder au centre du village. Vers le sud, regagner le parking.
   — De l'accès à la route (CV, alt. 544 m) : 10 mn.

   — Total du circuit : 1 h 30.

A NE PAS MANQUER D'ALLER VISITER

• *Chapelle Saint-Michel : joli édifice situé à l'entrée du village.*
• *Chapelle Notre-Dame-des-Anges : (inscrite à l'Inventaire des M.H.). Au sud-ouest de Lurs, cet édifice important se trouve au carrefour de voies romaines sur l'emplacement de l'ancienne ville gallo-romaine d'Alavnium, sur la voie dominitienne entre Sisteron et Apt. Plusieurs sanctuaires s'y sont succédés, XIIe siècle Saint-Elzéar et Sainte-Delphine de Sabran (effigies peintes); au milieu du XVIIe siècle l'évêque de Sisteron lui accorda le vocable de Notre-Dame-des-Anges et pour répondre à l'afflux des pèlerins il fut entrepris la reconstruction de l'église actuelle. L'édifice actuel fut construit au XVIe siècle par les pères Recollets, elle est de style classique en forme de croix latine. Sa porte est surmontée d'une niche avec la statue de la Vierge et l'enfant. A l'intérieur, disposition assez rare; nef unique couverte d'une voûte en berceau à pénétration et bordée par une suite de six chapelles latérales. Le chœur s'articule avec une chapelle basse (la crypte) qui est presque de plain-pied avec le sol de la nef; on y découvre également des ex-voto dont deux sont classés et des épitaphes; des fragments et inscriptions attestant le séjour des romains. Aujourd'hui, en cours de restauration, elle est sur le chemin qui conduit à Saint-Jacques de Compostelle.*

N° 6 – CIRCUIT DU PLATEAU DE GANAGOBIE
MONASTÈRE DE GANAGOBIE

Magnifique parcours dans un haut lieu dominé par de fabuleuses yeuseraies. Vu sa proximité et le trajet réduit, cet itinéraire peut être enchaîné avec le circuit de la Baume à Lurs. En fait, cette excursion s'inscrit davantage par la découverte de l'ensemble monacal, des curiosités et des points de vue.

Temps du circuit : trajet court 2 h 00, trajet long 2 h 15

Dénivellation : montée 180 m ; descente 180 m

Kilométrage : 5,700 km

Cartographie : carte IGN au 1/25 000e feuille n° 3341 ouest "Forcalquier"

Description de l'itinéraire

De la route N96, emprunter le chemin vicinal qui monte au village de Ganagobie (alt. 552 m). Parking devant la mairie.

A l'angle que forme la route pour pénétrer dans l'agglomération, un chemin forestier, jalonné en jaune, s'élève vers l'ouest ; l'emprunter sur un sol rocailleux dans une pinède. Celui-ci amorce rapidement un coude au nord, puis revient à l'ouest et au sud jusqu'à un autre coude où un petit chemin débouche à gauche (barrière par câble), (alt. 606 m). C'est vers l'ouest, par une montée régulière dans un bois de pins, chênes pubescents, romarins et amélanchiers que l'on rejoint le sommet d'une croupe (alt. 629 m), (barrière par câble).

— **Du village de Ganagobie : 20 mn.**

Abandonner la piste, pour s'écarter à gauche (sud) sur un petit chemin qui s'élève dans la chênaie par une côte rectiligne et régulière afin d'aboutir à un croisement sur la bordure ouest du plateau de Ganagobie (alt. 693 m).

— **De la croupe alt. 629 m : 15 minutes.**

Deux possibilités se présentent

1. Directement vers le monastère (trajet court)

Traverser le croisement vers le sud (tracé jaune), d'abord sur un sol de plaques rocheuses puis sur un terrain souple entre yeuses et cades. A une bifurcation, se porter à droite dans une saignée de chênes verts récemment coupés et arriver au pierrier d'une ancienne carrière. Le contourner par la gauche, sur un chemin herbeux – jeune cédraie – aboutir à l'aval du carrefour de l'allée de Forcalquier. A gauche, gagner le prieuré de Ganagobie.

— **Du croisement alt. 693 m : 20 mn.**

2. En effectuant le circuit du Plateau de Ganagobie (trajet long)

Prendre le sentier de gauche (nord), tracé jaune également, pour longer le bord de l'escarpement qui ceinture le plateau. Le parcours plus accidenté tra-

34 / Randonnées vers les chapelles et les cadrans solaires de Haute-Provence

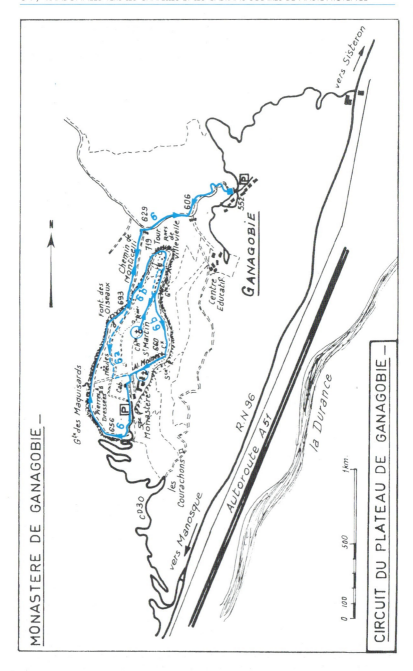

verse une yeuseraie assez compacte où les rochers sont souvent enveloppés de mousse. Suivre plusieurs murets anciens limitant les ruines du hameau de Villevieille ; de temps en temps, rencontrer un ancien tracé rouge, puis atteindre la pointe septentrionale du plateau marquée par les ruines de la tour de guet (alt. 719 m).
— **Du croisement alt. 693 m : 15 minutes.**

Point de vue
Au nord, sur l'ensemble des Alpes du sud ; dominer la vallée de la Durance ainsi que le village de Peyruis.

Le tracé jaune se détache à droite pour pénétrer au cœur de la forêt ; ne pas le suivre, mais emprunter une trace qui continue à suivre le bord du plateau où la hauteur de la falaise, à gauche, est plus importante. S'incliner rapidement au sud et arriver à une brèche à gauche qui permet un passage dans la falaise, et à droite, les remparts du hameau de Villevieille et les ruines de la chapelle Saint-Jean.
— **De la tour ruinée : 5 mn.**

Variante
En se dirigeant à droite, vers les remparts, un chemin s'amorce vers le sud au cœur du bois pour conduire aux ruines de la chapelle Saint-Martin (environ 15 mn).

Curiosité
Il ne reste que la forme de l'édifice sur une hauteur variant de 1 m à 1,5 m avec au fond, une abside et le socle de l'autel. Autour, une aire de repos aménagée.

Par un petit chemin, revenir au nord-est sur environ 300 m ; une sente à l'est ramène au bord de l'escarpement.

Continuer à border la couronne rocheuse, où certains passages demandent un minimum d'attention. Venir buter à un replat où ont été édifiées une grande croix et une petite borne. Par une allée "Allée des Moines" se diriger vers le Prieuré du Monastère.
— **Des remparts de Villevieille : 20 mn.**

Historique
Par sa position stratégique de tout premier ordre, ce site a été habité dès l'âge de Bronze. Ce n'est qu'au milieu du Xe siècle que le monastère de Ganagobie fut fondé par l'évêque de Sisteron Jean III et cédé à l'abbaye bourguignonne de Cluny qui contribua au développement du prieuré jusqu'au XIIe siècle. A la fin du XIXe siècle, il fut cédé aux Bénédictins de Sainte-Marie-Madeleine dont ils sont encore les garants suivant la Règle de Saint-Benoît, rédigée en 537.

Curiosité
Ce monastère Clunisien est classé Monument historique. Saccagé en 1562 par les Huguenots lors des guerres de religions ; il fut restauré au XVIIe siècle et subit l'influence de l'époque romane. A ce jour, sa principale structure comprends d'église, le cloître et les bâtiments conventuels. On aborde l'église Notre-Dame-du-Puy de Ganagobie par une porte monumentale transformée au XVIe siècle, dominée par une archivolte de cinq voussures en arc d'ogive soutenues par trois colonnettes de part et d'autre dont certains fûts sont unis et d'autres cannelés, supportant des chapiteaux corinthiens à feuilles d'acanthe. Le linteau présente un bas relief de huit arcatures représentant les douze apôtres, surmonté du tympan dont la sculpture datant du XIIe siècle symbolise le Christ tenant dans sa main gauche le Livre Sacré, entouré de quatre de ses évangélistes (Saint-Jean, Saint-Mathieu, Saint-Luc et Saint-Marc) ainsi que deux anges. Au-dessus

de l'archivolte, un grand oculus au centre laisse deviner à l'intérieur les tuyaux d'orgues qui se trouvent sur la tribune. L'intérieur de l'édifice surprend par sa sobriété par rapport à l'ampleur du vaisseau. La nef est formée de trois travées dont les arcs doubleaux reposent sur de forts pilastres rectangulaires. A l'avant du prieuré, double transepts où s'ouvrent trois absides dont l'abside centrale voûtée en cul-de-four englobe un autel très simple qui rappelle le centre du Monde de Jérusalem ; au centre de chacune des absides, des baies illuminent l'édifice. La curiosité réside par un décor de mosaïque qui pave le sol des trois absides et de la presque totalité du transept oriental. Ce pavement trichrome roman (blanc, noir et bordeaux) représente des scènes fabuleuses d'inspiration orientale très soigneusement équilibrées. Au sud du premier transept, sculpture en bois de la Vierge avec Jésus datant du XIIIe siècle. La tribune a été adjointe au XVIIe siècle, elle comprend aujourd'hui un orgue très important. Au nord de l'édifice se trouve une nécropole de plusieurs cercueils anthropomorphes creusés dans la pierre. Le cloître situé au sud de la nef de l'église est assez austère ; il se présente bas et massif, et recèle des colonnettes sculptées avec des chapiteaux différents. Les bâtiments conventuels se composent selon la tradition monastique d'une salle capitulaire, de la salle des Moines et chauffoir, d'un réfectoire, de la cuisine, des communs, d'un cellier et derrière le chevet de l'église d'un cimetière. Le dortoir des moines se trouvait au-dessus de l'aile orientale, aujourd'hui désaffecté, un long bâtiment a été adjoint au sud et à l'ouest de l'ensemble monacal (visites de 15 h à 17 h sauf le lundi).

Face au prieuré, rejoindre vers l'ouest un chemin revêtu. L'emprunter vers le sud, à droite des bâtiments conventuels, puis vers l'ouest, rejoindre une très grande borie ; passer à sa gauche et aboutir au magasin du monastère (souvenirs religieux et librairie) qui précède un parking (alt. 649 m).
— **Du prieuré : 5 mn.**

Par la route accédant au site, rejoindre à environ 100 m un sentier jalonné en jaune qui se détache à droite (sud-ouest) – fléchage – et s'enfonce dans la chênaie dominant l'escarpement qui ceinture le plateau. Celui-ci s'incline au nord-ouest puis au nord, passer à gauche de pierres dressées et arriver à un carrefour près d'un belvédère ; extrémité d'un chemin "Allée de Forcalquier" qui vient de droite (alt. 662 m), fléchage.
— **Du parking du monastère : 15 minutes.**

Point de vue
Sur la vallée du Lauzon et la Montagne de Lure.

Toujours vers le nord, parcourir le sentier qui longe le haut de l'escarpement, sur un sol très souvent rocheux. Passer à gauche d'une ancienne carrière de meules et dominer des grottes au bas de la falaise (grottes des Maquisards) ; plus loin, atteindre une aire de repos aménagée à l'aide d'un gisement de pierres locales, d'où la vue est saisissante. Poursuivre en s'inclinant légèrement à droite, – vasque "Fontaine des Oiseaux" – et se trouver au croisement (alt. 693 m) signalé plus haut.
— **Du chemin de Forcalquier : 15 minutes.**

A gauche, vers le nord, reprendre le chemin emprunté au départ qui descend au village de Ganagobie (alt. 552 m).
— **Du croisement alt. 693 m : 25 mn.**

— **Total de la randonnée : trajet court 2 h 00, trajet long 2 h 15.**

N° 7 – CIRCUIT DE LA GARDETTE

CHAPELLE VOTIVE SAINT-MICHEL
CHAPELLE SAINTE-ANNE
CHAPELLE NOTRE-DAME-D'ORTIGUIÈRE

Circuit varié offrant un beau point de vue. Curiosités architecturales. Respecter les pacages.

Temps du circuit : 2 h 15

Dénivellation : montée 330 m ; descente 330 m

Kilométrage : 7,200 km

Cartographie : carte IGN au 1/25 000ᵉ feuilles n° 3241 est "Banon" et n° 3240 est "Barret-le-Bas"

Description de l'itinéraire

Au sympathique petit village de Saumane (alt. 871 m) parking sur la place de l'église (marronniers), (gîte). Emprunter le chemin revêtu vers l'ouest allant buter contre la petite route CD412 (crucifix sur colonne au carrefour). Prendre à droite sur environ 150 m ; puis à gauche (auge), s'engager sur un petit chemin herbeux entre deux propriétés (tracé couleur lie de vin). Celui-ci s'élève dans une chênaie de pubescents vers l'ouest-sud-ouest, par une côte très prononcée. Passer à droite d'un local technique d'alimentation en eau du village. Ce n'est plus qu'un petit sentier qui s'incline progressivement à droite d'abord vers l'ouest, où un petit chemin arrivant de gauche tangente, puis au nord-nord-ouest, pour s'enfoncer dans une hêtraie très agréable. Suivre une clôture à bétail et atteindre la lisière du bois devant une immense prairie (alt. 1 154 m). Baisse de Pimerle.

— **Du village de Saumane : 40 mn.**

À droite, suivre le chemin vaguement marqué dans la prairie ; ou plutôt longer la lisière du bois à l'est ; passer au sommet de la Jalinière (alt. 1 181 m) d'où l'on aperçoit le bel ensemble du jas de Pimerle (ou de la Gardette) devant soi. Descendre légèrement, sortir du parc à bétail (bien refermer la clôture) et se trouver au collet de la Jalinière (alt. 1 171 m). Par un bon chemin au milieu d'un champ labouré, rejoindre le jas (alt. 1 179 m).

— **De l'accès à la baisse de Pimerle : 20 mn.**

Curiosité

Le Jas de Pimerle (ou de la Gardette) est en excellent état, un vrai chef-d'œuvre de conception architecturale d'époque, en pierres. Il se compose d'un élément d'habitation carré assez important avec une citerne, et d'une bergerie allongée et massive. Autour, mur d'enceinte.

Point de vue

En suivant la croupe de la colline vers le nord, on peut rejoindre le sommet de la Gardette où la vue se développe sur une bonne partie de la montagne de Lure. A gauche, on devine le domaine des Graves et de la Blanchère ; à droite, celui du jas de Laugier.

Contourner à gauche (ouest) le jas et s'incliner à droite afin de découvrir un bon chemin charretier. Vers le nord emprunter celui-ci, suivi d'un fil à bétail et descendre régulièrement sur le flanc est de la Gardette dont le sol est fossilifère, jusqu'à la large selle de la Baine (alt. 1 134 m) qui précède une pinède (nombreux claps).

— **Du jas de Pimerle : 10 mn.**

A droite, poursuivre vers le sud en descendant par le large chemin qui effectue des boucles pour conduire au vallon de la Gardette (alt. 1 046 m) – ou alors emprunter une draille à gauche du chemin qui descend directement dans le vallon d'abord sur des affleurements rocheux puis dans des blocs roulés – barrière à bétail ; champ de lavande à gauche.

— **De la selle de la Baine : 20 mn.**

A droite, vers le sud, arpenter le vallon en descendant en rive droite du lit, à travers une végétation variée (amélanchiers, églantiers, sorbiers des oiseleurs, hêtres, charmes, pubescents, aulnes…) passer à gauche d'un cabanon en ruines, où se trouvent de beaux charmes, puis d'un moulin, également en ruines, au sommet d'un bastion rocheux. Le sol est de plus en plus rocailleux ; à droite, apercevoir d'anciennes restanques, puis arriver aux premières constructions du village de Saumane ; le sol est maintenant revêtu. A la bifurcation de l'auge, retrouver le chemin de départ, revenir donc au parking par le même itinéraire en sens inverse (alt. 871 m).

— **De l'accès au vallon : 45 mn.**

— **Total du circuit : 2 h 15.**

A NE PAS MANQUER D'ALLER VISITER

I. Commune de Saumane

• Église Saint-Pierre-aux-Liens : *elle date du XVe siècle et a été remaniée en 1868. Son ouverture en ogive comprend deux voussures avec une très belle porte avec motifs. Tympan avec clés papale de Saint-Pierre. A droite, clochers-tour à deux niveaux, horloge au premier niveau et arcatures sur chaque face du deuxième niveau ; au-dessus, entablement avec pyramidions aux angles, puis flèche en poivrière à huit côtés avec deux niveaux percés chacun de quatre arcatures. A l'intérieur, nef et transept ; chœur et chevet plat.*

• Chapelle Votive Saint-Michel : *construite sur un site gallo-romain, elle se caractérise par une ouverture à angles brisés et un clocher-mur cintré très stylisé. Sur les flancs, trois contreforts de chaque côté et chevet plat.*

II. Commune de Lardiers

• Chapelle Sainte-Anne : *(église du village). Ouverture dans un renfoncement au sol caladé. Le portail du XIIe siècle est classé M.H. Archivolte à deux voussures reposant sur deux colonnettes décorées avec chapiteaux à végétaux du XIe siècle ; tympan nu ; clocher-plat à trois pointes et pyramidion au sommet, deux arcades du XIXe siècle ; inscriptions et écussons du XIIIe siècle sur le chevet.*

III. Commune de Banon

• Chapelle Notre-Dame-des-Anges : *(au sommet d'un mamelon). Devant l'édifice, deux splendides oratoires en métal bronzé représentant, l'un Saint-Just (évêque), l'autre Sainte-Agathe (vierge martyr). Un escalier conduit à l'édifice. Portail avec archivolte à cinq voussures dont deux cylindriques plein cintre qui reposent sur deux colonnes à chapiteaux de part et d'autre ; de chaque côté de la porte, statue de la Vierge et de Saint-Joseph portées par des anges. Au sommet de la façade, clocher-mur à arcade stylisé avec coupes aux extrémités et statue de Notre-Dame-des-Anges au sommet. Sur les côtés, de grands tilleuls. A l'arrière, chevet plat. A l'intérieur, nef à deux travées en berceau sur les bas-côtés ; chœur avec autel et statue dorée de la Vierge ; au-dessus, tableau.*

IV. Commune de Revest-du-Bion

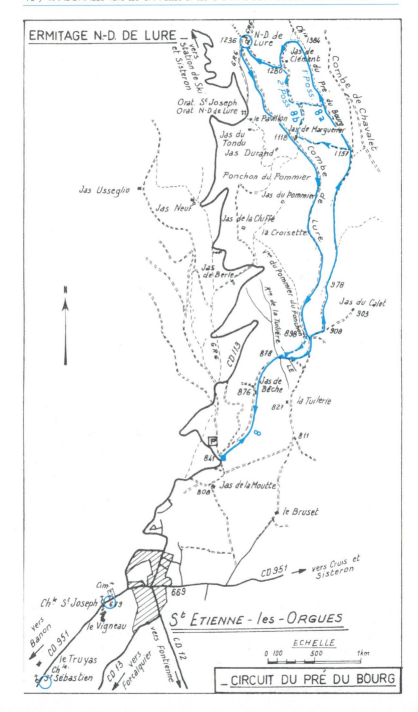

• Chapelle Notre-Dame-de-l'Ortiguière : (dans la plaine). Parking et halte aménagée avec cheminée. Chapelle romane de 1272 qui subit plusieurs mutations car elle fut détruite au XIVe siècle, reconstruite en 1665, détruite à nouveau en 1794, reconstruite puis restaurée en 1973. Ouverture sur la façade et le bas-côté sud ; au-dessus du chevet, clocher-mur très stylisé par une arcade reposant sur colonnes et chapiteaux. L'entrée située sur le bas-côté est encadrée de voussures. L'intérieur est en pierres apparentes ; il présente une nef voûtée en berceau et un chœur voûté avec croisées d'ogives. La table d'autel en pierre repose sur un cippe ; sol dallé en pierres ; bénitier en coquille taillé dans la pierre ; à l'est, chevet et ermitage.

N° 8 – CIRCUIT DU PRÉ DU BOURG

ANCIENNE ABBAYE NOTRE-DAME-DE-LURE

Circuit agréable traversant de belles hêtraies typiques de la Montagne de Lure.

Temps du circuit : 3 h 30

Dénivellation : montée 600 m ; descente 600 m

Kilométrage : 12 km

Cartographie : carte IGN au 1/25 000e feuille n° 3341 ouest "Forcalquier"

Description de l'itinéraire

Gagner le village de Saint-Étienne-les-Orgues (alt. 669 m). Emprunter la route CD113 qui monte à la station de ski de Lure jusqu'à un coude situé à environ 2,5 km (alt. 841 m). Possibilité de stationner à droite au départ de chemins ou plus haut à gauche (lieu-dit "Jas de la Moutte"). Prendre le chemin le plus évident qui se dirige au nord-est (ruches à droite). A environ 100 m, bifurcation ; prendre à droite (tracé beige) d'abord dans une pinède puis dans une cédraie. S'incliner au nord et longer à gauche des cultures de céréales puis un champs de lavandes, et arriver à la construction du Jas de Bêche (ruches), (alt. 876 m).

— **De la route CD113 : 15 minutes.**

Curiosité

Le Jas de Bêche se trouve à droite du chemin. Il comprend un ensemble formé d'une bergerie et d'une habitation attenante en mauvais état.

Poursuivre au nord ; laisser un chemin se détacher à gauche, puis descendre légèrement en s'inclinant au nord-est. Passer au ravinement de la Tuilière où se trouve une bifurcation. Prendre à droite vers l'est – petite ligne électrique –, le chemin horizontal domine la ferme de la Tuilerie ; un accès à celle-ci arrive à droite en épi ; amorcer une courbe à gauche en montant légèrement, puis, après une légère descente vers le chemin du Pommier du Ponchon plusieurs chemins s'écartent à droite (alt. 898 m).

— **Du Jas de Bêche : 15 minutes.**

Laisser le premier chemin qui va rejoindre au sud la ferme de la Tuilerie ainsi que le deuxième chemin qui s'incline au sud-est, pour s'engager sur le troisième, avec le tracé beige, qui s'élève en longeant à droite des cultures, avant d'aboutir à une bifurcation (alt. 908 m). Laisser à droite le bon chemin qui conduit au Jas du Calet, pour prendre à gauche un chemin moins important qui monte au nord sur un sol rocailleux en arpentant la croupe de la colline, clapiers à gauche. La progression est régulière d'abord dans une zone partiellement boisée puis dans une forêt. S'incliner légèrement à droite, puis un sentier jalonné d'un tracé bleu vient se brancher à droite. Poursuivre sur la croupe avec ce dernier et le tracé beige sur environ 100 m où se trouve une trifurcation (alt. 1 157 m), un tracé jaune arrive à gauche.

— **Du vallon du Pommier du Ponchon : 50 mn.**

Deux possibilités se présentent

1ʳᵉ possibilité (recommandée)

Traverser ce carrefour ; avec les tracés bleu et jaune, gravir la croupe de la colline par le chemin du Pré du Bourg, d'abord à travers une coupe de bois puis sous un couvert de hêtres, de pubescent et de houx. A une bifurcation, le tracé jaune suit le bon chemin de gauche. Poursuivre avec le tracé bleu à droite en s'élevant régulièrement sur un petit sentier qui se faufile dans le bois par une côte peu prononcée et régulière. Passer à une petite borne (n° 5) et venir buter contre un bon chemin (alt. 1 384 m).

— **De la trifurcation alt. 1 157 m : 30 mn.**

A gauche, par ce chemin, descendre vers l'ouest puis le sud-sud-ouest, passer à droite des ruines du Jas de Clément et aboutir à une bifurcation (alt. 1 280 m). A droite, vers l'ouest puis le nord-ouest, une descente régulière (tracé beige) conduit à l'ancienne abbaye de Notre-Dame-de-Lure (alt. 1 236 m). Le GR6 traverse.

— **Du chemin du Près du Bourg : 20 mn.**

2ᵉ possibilité

De la trifurcation, en prenant le chemin de gauche qui descend vers l'ouest à la Combe de Lure, gagner le Jas de Marguerier (alt. 1 118 m).

— **De la trifurcation alt. 1 187 m : 10 mn.**

Curiosité

Situé à la lisière de la hêtraie, le Jas de Marguerier a été restauré. L'habitation est prolongée par une bergerie allongée. Citerne et prairie.

A droite du jas, par un petit chemin, s'écarter de la combe à droite en s'élevant dans la hêtraie afin d'aboutir à une bifurcation (alt. 1 280 m) où la première possibilité arrive à droite. A gauche, vers l'ouest puis le nord-ouest une pente régulière conduit à l'abbaye Notre-Dame-de-Lure (alt. 1 236 m).

— **Du Jas de Marguerier : 30 mn.**

Curiosité

Cette ancienne abbaye de Notre-Dame-de-Lure se situe dans un site paradisiaque au cœur d'un havre de paix et de fraîcheur (source et grands arbres devant l'église). Fondé en 1165 suivant l'ordre de Chalais, les moines chalaisiens suivirent la Règle de Saint-Benoît à l'image des Cisterciens et se donnèrent comme constitution une Charte de Charité. Ce magnifique sanctuaire a été classé Monument historique. Il fut remanié en 1637 dans un style se rapprochant du XIIIe siècle puis restauré au cours des XIXe et XXe siècles. Cet édifice a été édifié en croix latine avec une seule nef (du XIIe siècle) au chevet plat et couverte d'un berceau cintré ; elle est composée de quatre travées dont la première communique avec la galerie occidentale. Un faux transept s'ouvre à la quatrième travée donnant accès de part et d'autre à une chapelle. Chacune de ces trois chapelles est couverte par une voûte en berceau brisé. L'autel principal dans le chœur semble être d'origine, celui des chapelles latérales est de style roman. La galerie occidentale recèle à ce jour de nombreuses pièces archéologiques reconstituant l'origine de l'ancienne abbaye. La nef est pourvue de deux baies dans son mur oriental. Le chœur est également éclairé par trois baies plus étroites ainsi que d'une ouverture en croix latine. Au total onze baies ajourent l'édifice. A l'intérieur, vous découvrirez également une statue en pierre de la Vierge portant l'enfant (XVIIe siècle) ; sur le côté droit de la nef une Vierge à l'enfant en bois doré (XVIIIe siècle) ; certaines inscriptions sur des devises ayant rapport avec Saint-Donat et Saint-Mary ainsi qu'une pierre tombale qui se trouve dans le bras occidental du transept ; **ex-voto.** Extérieurement, la toiture récemment restaurée est totalement en lauzes. Le clocher primitif se trouvait sur le mur pignon septentrional, aujourd'hui il a été supprimé, un autre a été édifié sur le pignon méridional. La façade (pignon méridional) présente une porte à trois voussures cintrées (XIXe siècle) dominée par un oculus avec vitrail et le clocher à une arcade surmontée d'une petite croix de pierre. A gauche une baie s'ouvre dans le faux collatéral. Le mur occidental est percé d'une porte à trois voussures, également avec une petite croix dans le tympan ; elle communique avec la galerie. Contre le mur oriental, arches de l'ancien cloître et au nord, traces des bâtiments conventuels du monastère. Devant l'édifice, deux petits oratoires avec épitaphe. A l'ouest, l'ermitage Saint-Donat aujourd'hui faisant office de refuge et de locaux de gardiennage pendant la saison estivale. Sur sa façade, deux cadrans solaires. Cet ermitage comprend une grande pièce voûtée en plein cintre. Sous l'ermitage, le cellier voûté en berceau brisé. A proximité, parking et aire de pique-nique.

Revenir vers le sud-sud-est au-dessous de l'édifice pour s'engager dans la Combe de Lure sur un sol cailloux au départ, puis c'est une très belle hêtraie qui conduit à une prairie que l'on longe à droite afin d'arriver au Jas de

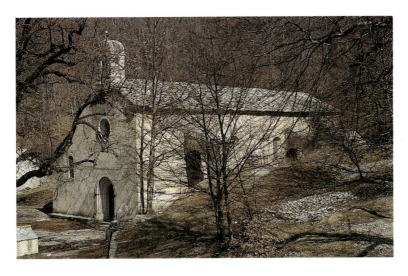

Notre-Dame de Lure

Marguerier (alt. 1 118 m). A gauche, parcours de la deuxième possibilité utilisée à la montée.

— **De l'abbaye de Notre-Dame-de-Lure : 15 minutes.**

Poursuivre la descente dans la combe par un bon chemin qui longe toujours à droite la prairie, puis entrer dans le bois de la Croisette en s'inclinant au sud afin d'aboutir au confluent avec le ravin du Pommier de Ponchon (alt. 927 m). Un peu plus loin, retrouver la bifurcation (alt. 898 m) signalée à l'aller.

— **Du Jas Marguerier : 40 mn.**

Avec l'itinéraire suivi au départ, revenir au parking de la route au Jas de la Moutte (alt. 841 m) après être passé au Jas de Bêche.

— **De la bifurcation alt. 898 m : 20 mn.**

— **Total du circuit : 3 h 30.**

A NE PAS MANQUER D'ALLER VISITER

I. Commune de Cruis

• *Église abbatiale Notre-Dame et Saint-Martin :* (mise à l'Inventaire des M.H.). Elle a été fondée au XIIe siècle et remaniée au XIVe siècle. Construite en croix latine, elle offre extérieurement une abside semi-octogonale qui présente des contreforts puissants et des baies lancéolées. A l'angle de la branche septentrionale du transept se trouve la tour carrée de l'horloge et du clocher qui présente une arcade sur chaque face ; au-dessus, toit en pyramide couvert de céramique. La toiture est en lauzes. La façade est attenante à une construction ; on accède à l'intérieur par un escalier sur le flanc nord. La porte cintrée, semblable à celle de Notre-Dame-de-Lure comprend trois voussures en arc plein cintre sur pilier à chapiteaux décorés. Au-dessus, oculus. Sur le flanc sud, les restes de l'ancien cloître (mis à l'Inventaire des M.H.) qui jouxte l'édifice, présente six ouvertures borgnes dont la voûte en arc brisé repose sur des piliers dominés par des chapiteaux assez dégradés ; mais le plus remarquable c'est la voûte sommitale en arceaux croisés du porche d'entrée. Cet édifice possède une grande richesse à l'intérieur : une chaire merveilleusement sculptée, une statue de bois, un tableau de Monticelli, un antépendium en cuir, une aiguière en terre cuite et surtout un magnifique retable en bois doré.

II. Commune de Mallefougasse-Augès

• *Église Saint-Jean-Baptiste :* porte datant du paléo-chrétien ; au-dessus, baie avec une colonne galbée et chapiteau corinthien supportant la clé de voûte ; derrière vitrail. L'ensemble du sanctuaire est en partie pré-roman. Tour carrée sur le côté septentrional avec horloge et clocher roman ; arcade sur chaque face (classée M.H.), au-dessus, terrasse avec garde-corps. Derrière, grande abside romane se développant sur l'ensemble de la largeur du chevet et absidiole derrière le clocher-tour.

III. Commune de Montfort

• *Ermitage et chapelle Saint-Donat :* (classé M.H.). Cet ermitage du XIe siècle se situe dans un site merveilleux. L'intérieur du prieuré au sol dallé se compose d'une nef et de deux bas-côtés divisés en trois travées marquées par d'impressionnants piliers ronds sans chapiteaux à impostes biseautés supportant trois arcades en plein-cintre. La voûte de la nef est en berceau cintré. Grande abside en cul-de-four au fond de la nef principale avec un vitrail illuminé et sa coupole constellée d'étoiles peintes. Baie dans le chevet. Extérieurement, c'est le pignon oriental qui est le plus marquant avec les trois absides appuyées contre le chevet à pans brisés jusqu'au clocher-mur à arcade. La toiture est couverte de lauzes. De chaque côté du transept et au fond de chaque abside, baies allongées. Le côté sud de l'édifice présente cinq baies et une porte. Autour, nombreuses ruines de l'ermitage couvent de Saint-Donat qui date du VIe siècle. L'ermite y fut enseveli dans les constructions souterraines qui comprenaient une église à trois absides et un escalier d'accès. L'absence d'arcs doubleaux, d'arcs de décharges et de contreforts sont les particularités architecturales de cet édifice.

N° 9 – CIRCUIT DE PARIAYE

ERMITAGE SAINT-PONS

Parcours dans un site particulièrement beau et varié mais surtout très sauvage. Il présente quelques petites difficultés à proximité de la chapelle Saint-Pons. Station du pèlerinage annuel se rendant à Notre-Dame-de-Lure en traversant la montagne.

Temps du circuit : 1 h 45

Dénivellation : montée 320 m ; descente 320 m

Kilométrage : 5,5 km

Cartographie : carte IGN au 1/25 000ᵉ feuille n° 3340 ouest "Ribiers-Montagne-de-Lure"

Description de l'itinéraire

Par la route CD53 qui s'enfonce dans le cirque de Valbelle, gagner le hameau des Richaud (alt. 557 m) parking. Traverser l'agglomération vers l'est, contourner un porche à droite et emprunter un chemin charretier suivi par le GR6 qui domine la route à gauche. Passer à droite du hameau des Escoffiers et se trouver à un carrefour (alt. 580 m), cairn.

— **Du hameau des Richaud : 10 mn.**

Laisser le chemin de gauche pour continuer directement, où, environ 50 m plus loin, on rejoint une bifurcation. S'élever à droite à travers les genêts et buis, puis serpenter entre les roubines avant de s'engager sur un petit sentier qui monte vers le sud-est. Une sente se détache à gauche.

Hors itinéraire

Dans un bois de pubescents, envahi de buis et de genêts, par cette sente, gagner vers le nord la petite chapelle Saint-Honoré à environ 100 m.

Curiosité

Édifice récemment restauré, sa façade possède une porte à claire-voie qui permet de voir un petit autel et une croix de bois.

Poursuivre vers le sud-est en longeant, à gauche, un muret, puis atteindre un bosquet où un sentier s'écarte à droite (alt. 672 m), cairn.

— **Du hameau des Escoffiers : 20 mn.**

Abandonner le GR qui continue vers le sud-est, pour prendre ce sentier à droite qui descend légèrement au sud-ouest, nouvelle bifurcation, cairn. Laisser le sentier qui part à droite au nord-ouest, mais, vers le sud-ouest, franchir un ravinement pour gagner plus loin, à travers les genêts, un bois de pins à crochets puis des pubescents et des hêtres. Le sentier traverse un site magnifique où les rochers sont tapissés de mousse et dont le sol est parsemé de chardons et de sceaux de Salomon au printemps. C'est maintenant une montée sur le flanc très abrupt de la colline ; la côte de plus en plus prononcée conduit au bas

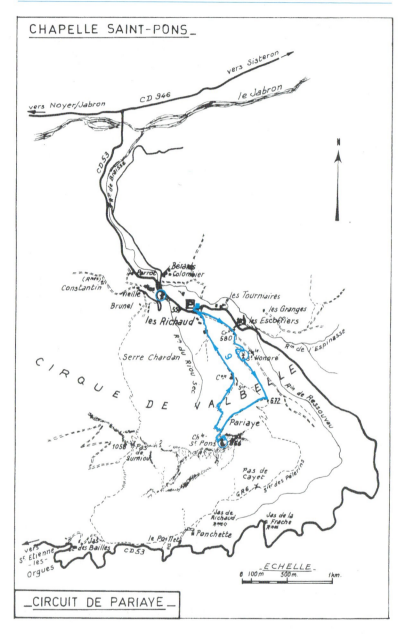

de la falaise de Pariaye. La suivre vers l'ouest et, par une trace très redressée, monter dans une zone terreuse et de gravillons au-dessus de pentes escarpées ; puis c'est sous un couvert assez dense que l'on gravit des marches façonnées qui amènent à une traversée à gauche exposée, avant d'accéder à la corniche où a été édifiée la chapelle Saint-Pons. A droite, sur un pont voûté en pierres sèches qui enjambe le précipice, gagner l'édifice par une vire très étroite (alt. 866 m).

— **Du carrefour alt. 672 m : 30 mn.**

Curiosité

C'est dans un site particulièrement beau et extrêmement sauvage qu'a été édifiée cette curieuse chapelle. De style roman, elle est adossée contre le très haut escarpement. A l'arrière, une abside déportée par rapport à l'axe de la construction. A l'intérieur se trouvent un autel et un bénitier taillé dans un cippe pré-roman. A l'ouest de la chapelle on rencontre la grotte de Saint-Pons au pied d'un grand gendarme accolé à la falaise ; son ouverture d'environ 50 cm de diamètre s'enfonce par un boyau d'environ 10 m. Cette grotte est l'ancien ermitage du saint. Une sente se prolonge sur la corniche vers l'ouest. A l'est, en gravissant un chaos de blocs, la vue est saisissante sur cet ermitage ainsi qu'au nord sur les Hautes-Alpes.

Revenir au bas de la falaise de Pariaye ; une petite trace dans une pente assez raide se détache à gauche. Emprunter cette dernière qui effectue plusieurs lacets serrés, puis se diriger vers le nord-est. Au niveau d'une source captée, à environ 30 m, s'incliner à gauche, au nord-nord-ouest ; passer à droite d'un cabanon et arriver à une bifurcation. Un bon chemin ramène ensuite au hameau des Richaud (alt. 557 m).

— **De la chapelle Saint-Pons : 45 mn.**

— **Total du circuit : 1 h 45.**

N° 10 – CIRCUIT DU VIEUX NOYERS

CHAPELLE SAINT-CLAUDE
CHAPELLE NOTRE-DAME-DE-BETHLÉEM

Parcours très agréable dans un cadre alpestre. Pouvant être réalisé de préférence au printemps et à l'automne.

Temps du circuit : 3 h 00

Dénivellation : montée 410 m ; descente 410 m

Kilométrage : 9 km

Cartographie : carte IGN au 1/25 000ᵉ feuille n° 3340 ouest "Ribiers-Montagne-de-Lure"

Description de l'itinéraire

Noyers-sur-Jabron (alt. 560 m) parking. A l'entrée est du village, emprunter au nord la petite route du Vieux Noyers, qui s'incline rapidement au nord-est

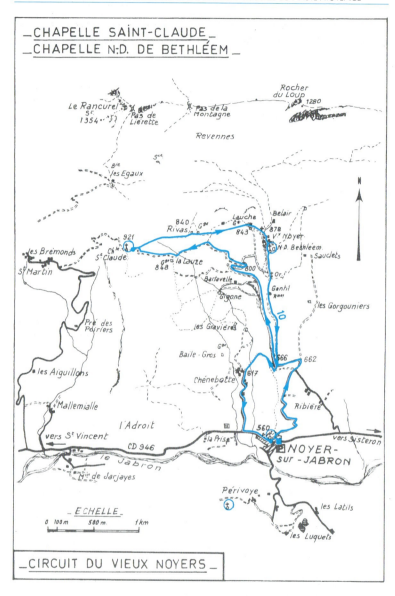

pour ensuite se diriger franchement au nord. Atteindre un premier coude vers l'ouest (alt. 662 m) et environ 300 m plus loin, à un second coude traversé par une draille qui ramène au nord (alt. 666 m).

— **Du village de Noyers-sur-Jabron : 25 mn.**

Poursuivre par la petite route qui n'est plus revêtue 250 m plus loin. Laisser à gauche deux entrées successives vers les domaines des Bartavelles et de Gigone, puis s'incliner à l'ouest pour effectuer une boucle. Au coude qui suit celle-ci, un chemin se détache à gauche, vers l'ouest (alt. 800 m).

— **Du coude alt. 666 m : 30 mn.**

S'engager sur ce chemin dans un bois clairsemé de pubescents en s'inclinant au nord-ouest, puis traverser des pâturages parsemés de lopins de terre cultivés. Passer sous les ruines de Rivas, et par une côte modérée vers le sud-ouest, entre buis et genêts gagner les ruines de la Lauze (alt. 848 m).

— **De la piste alt. 800 m : 20 mn.**

Vers l'ouest s'élever par un bon chemin, d'abord en longeant à gauche un champ cultivé, puis entre des arbustes épars pour aboutir à une croupe ou s'étale devant soi un petit plateau d'où l'on aperçoit la chapelle Saint-Claude. Effectuer un crochet à droite, bifurcation. A gauche, avec le GR946 et un tracé jaune, rejoindre l'édifice (alt. 921 m).

— **Des ruines de la Lauze : 15 minutes.**

— **Du village de Noyers-sur-Jabron : 1 h 30.**

Curiosité

Dès le premier regard sur cet édifice on est surpris par son intégration au site et sa modestie. Ses pierres apparentes et son toit en lauzes à deux niveaux, laissent à penser au soucis que les anciens avaient à ne pas rompre l'équilibre du milieu. Datant de 1661, cette chapelle a été réalisée en style roman. Sa façade s'ouvre sur un cintre où la clé de voûte est apparente avec une baie de chaque côté, et un oculus abrasé à l'intérieur dans l'axe. La nef en berceau brisé comprend deux travées avec des arcs doubleaux reposant sur des chapiteaux encastrés. Le chœur également voûté se trouve dans la partie plus étroite de l'édifice ; son chevet, mitoyen à la sacristie, est surmonté d'un mur-clocher à une arcade. Ouverture sur le bas côté est, avec date de l'édification.

Point de vue

Sur l'ensemble du versant nord de la montagne de Lure généralement enneigé en hiver et au printemps.

Avec le GR revenir à la bifurcation. Par un sentier, suivre à gauche les tracés qui passent à gauche d'un bosquet de pins puis descend dans les pâturages de Levraut, ponctués de clapiers et entrecoupés de restanques jusqu'aux ruines de Rivas (alt. 840 m). Les longer au-dessous ; c'est en balcon que l'on suit un petit sentier entre des fils à bestiaux jusqu'aux ruines du hameau de Lauche (alt. 843 m), (source). Une petite côte conduit ensuite aux ruines du Vieux Noyers (alt. 878 m). A gauche, sur un bastion, grande croix de fer qui domine la vallée. Par un chemin, traverser le village en ruines dont les vestiges témoignent de l'ingéniosité de nos ancêtres, puis aboutir devant l'édifice roman de Notre-Dame-de-Bethléem et Saint-Bevon.

— **De la chapelle Saint-Claude : 35 mn.**

Curiosité

Sanctuaire datant du XIIIe siècle, il est classé M.H. Son toit est en grande partie recouvert de lauzes. La partie restaurée des ailes du transept est en tuiles romanes. En forme de croix latine dissymétrique, elle s'ouvre sur son latéral sud et présente à l'intérieur une nef à trois travées, un transept et un chœur dans une abside rectangulaire voûtée en berceau. Au chevet, trois baies cintrées. La façade à trois niveaux présente des contreforts de part et d'autre ; une baie et un mur-clocher à deux arcades. A l'ouest, un puits caractéristique, au sud, un cimetière.

Par le chemin, descendre vers le sud et arriver à une boucle vers le nord-ouest. Ne pas l'effectuer, mais par un petit chemin poursuivre vers le sud, passer d'abord à droite d'un oratoire, puis aux ruines de Gentil, c'est une pente régulière sur la croupe de la colline qui aboutit au coude de la piste suivie au départ, à l'alt. 666 m.

— **Des ruines du Vieux Noyers : 25 mn.**

Traverser la piste et s'engager sur une draille pendant environ 30 m pour prendre à droite un petit sentier (être vigilant pour ne pas le manquer) qui s'incline au nord sur un terrain en léger dévers. Par une descente plus prononcée, s'incliner progressivement vers l'ouest jusqu'à une prairie où entre deux haies limitant des champs, une trace vers le sud-ouest sur un sol rocailleux conduit au hameau de Chênebotte (gîte du Jas de la Carolina), (alt. 617 m).

— **De la piste alt. 666 m : 10 mn.**

A gauche, vers le sud, par une petite route, gagner la route CD946 à la sortie ouest du village de Noyers-sur-Jabron. Revenir au parking à gauche (alt. 560 m).

— **Du hameau de Chênebotte : 20 mn.**

— **De la chapelle Saint-Claude : 1 h 30.**

— **Total du circuit : 3 h 00.**

N° 11 – PARCOURS DU BOIS DU DÉFENS

CHAPELLE NOTRE-DAME-DES-ŒUFS

Itinéraire classique offrant un parcours agréable et un point de vue remarquable.

Temps du circuit : 1 h 00

Dénivellation : montée 110 m ; descente 110 m

Kilométrage : 3,200 km

Cartographie : carte IGN au 1/25 000e feuilles n° 3342 ouest "Manosque" et n° 3343 ouest "Vinon-sur-Verdon"

Description de l'itinéraire

Au sud de Gréoux-les-Bains, franchir le cours du Verdon et emprunter, à gauche, la petite route qui remonte le ravin de la Vallée Obscure en direction d'Esparron-de-Verdon jusqu'au collet de l'Ourminière (alt. 477 m), parking, citerne DFCI, environ 3,5 km de l'agglomération.

Vers le nord (fléchage tracé rouge) un bon chemin parfois rocailleux s'élève légèrement entre pins, chênes pubescents, genêts et buis ; arriver à un palier, puis descendre sur un sol revêtu par une pente prononcée jusqu'à un coude à gauche, vers l'est, où après une portion en terre c'est de nouveau le bitume sur une centaine de mètres qui permet d'aboutir à une plate-forme où la vue s'étend sur la vallée du Verdon et le village de Gréoux (alt. 450 m). Maintenant,

BOIS DU DEFEND / 51

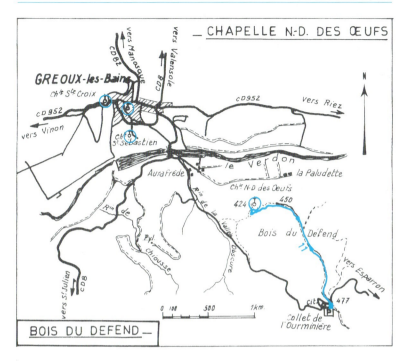

ce n'est plus qu'un sentier aménagé qui serpente dans le bois afin de conduire à la chapelle Notre-Dame-des-Œufs (alt. 424 m), (avant d'atteindre l'édifice, un petit sentier, tracé jaune, arrive à gauche).

— **Du parking au collet de l'Ourminière : 30 mn.**

Curiosité

Chapelle restaurée présentant un chevet plat. Hormis la façade recouverte de chaux, elle présente un aspect rustique en pierres apparentes. L'entrée dans le sanctuaire s'effectue par une ouverture plein-cintre grillagée, avec un oculus au-dessus. L'intérieur assez sobre possède un plafond voûté et un chœur. Niches de part et d'autre de l'autel. Autour du site, clôture. Autrefois, un pèlerinage avait lieu afin d'obtenir la fécondité.

Retour au parking par le même itinéraire : 30 mn.

A NE PAS MANQUER D'ALLER VISITER

• **Église Saint-Pierre-des-Ormeaux :** (ce n'est pas une chapelle, mais l'intérêt architectural de l'édifice mérite d'en faire état). Ancien prieuré de Montmajour, elle offre plusieurs styles. La façade en roman provençal présente une entrée avec une baie en ogive à encadrement de chaque côté. A droite, tour de l'horloge avec campanile. L'intérieur, en pierres apparentes présente une nef centrale à cinq travées et nef latérale à droite avec quatre travées de style roman avec quatre baies en ogive à vitraux ; bas-côtés méridional. Chœur dans une abside carrée de style gothique, avec une baie en ogive à gauche et la sacristie à droite. Les pilastres carrés de la nef latérale sont reliés par des arcs doubleaux en ogive ; au plafond, des voûtes à croisées d'ogives à chaque travées. Plafond de la nef principale cintré. Croisées d'ogives dans le chœur, autel du XVIIe siècle et bénitier sur colonne en marbre ; ex-voto ; beaux tableaux ; statue du saint dans un reliquaire ; orgues.

N° 12 – CIRCUIT DE PEIRE AMARE
CHAPELLES DU PLATEAU DE VALENSOLE

Itinéraire varié à éviter l'été à cause des fortes chaleurs.
   Temps du circuit : 4 h 30
   Dénivellation : montée 300 m ; descente 300 m
   Kilométrage : 16,500 km
   Cartographie : carte IGN au 1/25 000ᵉ feuille n° 3342 est "Valensole"

Description de l'itinéraire

Au village de Saint-Martin-de-Brôme, sur environ 2 km, emprunter la petite route, chemin vicinal, qui se dirige vers la route CD8 qui rejoint le village de Valensole. Un chemin se détache à l'est au niveau du ravin de Canier (alt. 405 m). Possibilité de stationnement. S'engager sur ce chemin qui s'élève à travers une chênaie de pubescents et de cades. Passer à gauche de la clairière de Maurouès, puis traverser une zone de coupes pour gagner la crête de la colline (alt. 534 m).
   — **Du chemin vicinal (route) : 25 mn.**

A gauche, vers l'est, parcourir cette crête, le chemin longe des cultures tantôt à droite, tantôt à gauche et quelquefois de part et d'autre. Passer à gauche d'une ruine de construction en galets, puis arriver à un croisement où le chemin de gauche accède au domaine de la Repentance (alt. 576 m). Poursuivre vers le nord-est sur environ 300 m, pour rencontrer la route CD15, à un coude reliant Allemagne-en-Provence à Valensole (L.E.), (alt. 584 m).
   — **De l'accès à la crête : 1 h 10.**

A gauche, vers le nord-est, puis le nord, suivre cette route en direction de Valensole ; passer à droite d'une stèle de la résistance et environ 200 m après, le chemin de la Repentance se détache à gauche (alt. 589 m).
   — **De l'accès à la route : 15 minutes.**

Emprunter ce chemin vers le sud-ouest pour l'abandonner environ 200 m plus loin ; suivre à droite une trace vers le nord à la lisière d'une chênaie à droite, puis, vers l'ouest, longer des cultures. Laisser un petit chemin s'écarter à droite vers le nord et continuer à droite des cultures jusqu'à un bon chemin (cabanon). Prendre celui-ci qui descend vers le ravinement de Peire Amare, que l'on parcourt par une trace sinueuse dont le sol de galets est souvent raviné, rendant la progression peu confortable. Venir rencontrer une chemin transversal (alt. 498 m).
   — **De la route CD15 : 1 h 00.**

A droite, vers le nord, par un bon chemin, s'élever en lacets et aboutir à un plateau au milieu de cultures ; se diriger vers un croisement (alt. 568 m).
   — **Du vallon de Peire Amare : 15 minutes.**

Prendre la piste à gauche, vers le sud-ouest et rejoindre le domaine de la

PEIRE AMARE / 53

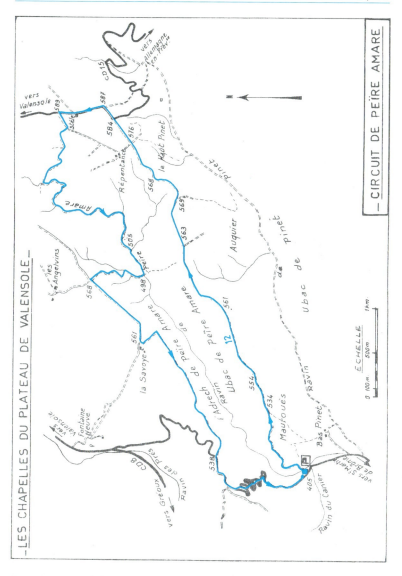

Savoye composé de plusieurs dépendances et d'un hangar (alt. 561 m).

— **Du croisement alt. 568 m : 15 minutes.**

Avant d'atteindre le domaine, prendre le chemin de gauche vers le sud-est entre des cultures ; se diriger vers la chênaie de l'Adrech de Peire Amare que l'on longe à la lisière vers le sud-ouest, à gauche de cultures. C'est un petit chemin qui oscille suivant le relief et conduit au chemin vicinal (route), (alt. 538 m).

— **Du domaine de la Savoye : 40 mn.**

Chapelle Saint-Martin à Saint-Martin-de-Brômes

A gauche, parcourir cette route en coupant ses lacets par des traces à travers bois afin de rejoindre le parking (alt. 405 m).

— **De l'accès à la route : 30 mn.**

— **Total du circuit : 4 h 30.**

A NE PAS MANQUER D'ALLER VOIR

I. Commune de Puimoisson

• *Chapelle Notre-Dame-de-Bellevue* : située au sommet de la colline au sud du village (a été inscrite à l'Inventaire des M.H.). Un porche barreaudé se trouve devant l'entrée d'une porte cintrée ; au-dessus du porche, dans l'axe, un oculus et un clocher-mur. Derrière le chœur, un local endommagé.

• *Église Saint-Michel* : (classée M.H.). Magnifique édifice gothique du XVe siècle qui présente une très belle porte avec trois arcs cintrés soutenus par des colonnettes, surmonté d'un tympan avec une archivolte à trois voussures en ogive entrelacées au sommet, avec motif jusqu'à un gros oculus ébrasé. Des piliers carrés avec des chapiteaux qui supportent l'archivolte. A droite, le clocher-tour carré a une arcature sur chaque face et est surmonté d'une horloge et d'un campanile. Plan dissymétrique, son flanc occidental comprend cinq contreforts avec des baies cintrées. Les bas-côtés datent du XVIIe siècle.

• *Chapelle Saint-Apollinaire* : (classée M.H.). Elle date du XIIe siècle. Elle présente un clocher-tour et un chevet plat (en propriété privée).

II. Commune de Valensole

• *Église Saint-Blaise* : de style gothique, elle date du XIIIe siècle, remaniée au XVIIIe et XIXe siècles. Elle présente un nef à quatre travées avec ouvertures à baies cintrées. Entre chaque travées, de puissants contreforts. La façade à pans coupés s'ouvre par une grande porte en ogive dominée par un oculus avec un vitrail et une petite croix de fer au sommet du pignon. A l'arrière, un grand clocher-tour carré présente une arcature et, dans l'axe de l'édifice, deux ouvertures. Ce sanctuaire possède un chevet plat, une tour avec un campanile y est accolé.

N° 13 – CIRCUIT DANS LE BOIS DE VAUGISCLE
CHAPELLE SAINT-MARC

Parcours pénible dans la première partie, mais particulièrement agréable dans la forêt.

Temps du circuit : 0 h 45

Dénivellation : montée 130 m ; descente 130 m

Kilométrage : 2,700 km

Cartographie : carte IGN au 1/25 000ᵉ feuille n° 3342 est "Valensole"

Description de l'itinéraire

Allemagne-en-Provence (alt. 421 m). Parking devant le château du XVᵉ siècle caractérisé par ses fenêtres du style Renaissance, magnifiquement bien décorées. Emprunter la route CD952 vers l'est, direction "les Gorges du Verdon", laisser à droite la route CD111 allant à Montagnac, pour s'incliner au nord par un coude, où l'on franchit sur un pont le ravin de Tartavel. Avant d'effectuer un second coude, un chemin allant à une habitation et un sentier se détachent à droite (alt. 423 m). Emprunter le sentier qui s'élève franchement sur un sol rocailleux de galets roulés. A gauche, à environ 10 m, un petit oratoire domine la route. Marquer un léger coude à droite et monter d'une façon rectiligne par une côte très prononcée entre yeuses, pubescents et genêts, jusqu'à une antenne TV précédée d'un petit local technique. Contourner, par la gauche, la clôture

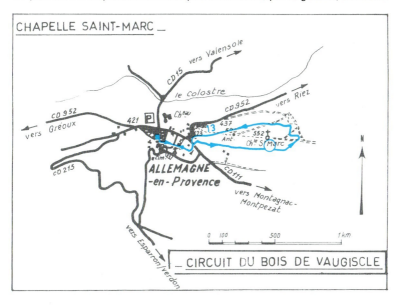

de l'installation et rencontrer l'extrémité d'un large chemin (alt. 526 m).
— **Du village d'Allemagne-en-Provence : 15 minutes.**

Couper ce chemin pour emprunter un sentier qui monte faiblement sur la croupe de la colline, en s'infiltrant dans une très belle chênaie assez dense, parsemée de buis, jusqu'à la chapelle Saint-Marc (alt. 547 m).
— **De l'antenne TV : 5 mn.**

Curiosité

Cette chapelle antique de forme classique présente une ouverture cintrée surmontée d'une mince baie allongée et ébrasée. Sur les flancs, également deux baies étroites. Chevet plat avec au sommet un mur-clocher en arcature. Au bas du chevet, habitacle voûté de l'ancien presbytère permettant, éventuellement, de s'abriter ; restes de l'ancien ermitage. A l'intérieur, à droite, cippe et bénitier taillé dans la pierre, autel bâti, dans le fond une grande arcade à colonnes décorées, plafond plat, ex-voto, tableaux et gravures, statues de Saint-Marc et de la Sainte-Famille, carrelage en terre cuite au sol.

Derrière l'édifice, emprunter à gauche le bon chemin qui descend dans la chênaie. A environ 50 m, bifurcation, continuer à gauche vers le nord-est et se trouver à une boucle tangentée par une draille. Effectuer cette boucle à gauche vers le sud-est sur un sol rocailleux et continuer par une descente plus marquée pour se trouver plus bas à un carrefour. Prendre à gauche, vers l'aval (fléchage jaune), et entre buis et pubescents, par une pente régulière, retrouver la route CD952 à l'entrée est du village. A gauche, vers le sud-ouest, retrouver le parking (alt. 421 m).
— **De la chapelle Saint-Marc : 25 mn.**

— **Total du circuit : 45 mn.**

A NE PAS MANQUER D'ALLER VISITER

Commune de Saint-Martin-de-Brôme

• Chapelle Saint-Martin : (faisant office d'église, classée M.H.). Elle se situe au sommet du village sur un plateau face à la Tour Carrée de l'Horloge. On y accède par un chemin biblique, par des marches espacées. De style roman (du XVIe siècle) son aspect architectural est très complexe ; assez trapue, elle présente une façade flanquée de deux puissants contreforts. A gauche, l'entrée dans l'édifice s'effectue par une porte cintrée dominée par une baie plein cintre à angles biseautés. Sur la gauche, mur d'enclavement du site avec une ouverture cintrée. Sanctuaire en croix latine, il laisse déborder le transept au nord marqué par un contrefort d'angle et d'une baie en ogive. L'intérieur de l'édifice comprend une nef à trois travées voûtées en berceau légèrement brisé terminée par une abside en hémicycle couverte d'un cul-de-four. La seconde nef a été élevée contre le flanc sud, au XVIe siècle ; ses voûtes d'ogives flamboyantes retombent sur des consoles sculptées. Derrière, sacristie à droite, puis remarquable clocher-tour carré dans l'édifice sur chaque côté surmonté d'un entablement avec gargouilles aux angles, le toit est en pyramide. Sous le clocher, toit en appentis contre une très belle abside marquée au centre par une étroite fenêtre et précède le chevet du transept sud où s'ouvre une baie en ogive géminée avec colonnette centrale surmontée d'une rosace à quatre lobes sur deux ouvertures lancéolées à végétaux. Tableaux remarquables à l'intérieur. Devant l'édifice, sur l'esplanade qui constituait la base du château, donjon appelé aussi "Tour des Templiers" datant du XIVe siècle (classée M.H.). Elle est dominée par un très beau campanile et laisse apparaître des mâchicoulis.

N° 14 – PARCOURS DU PLAN PÉLISSIER
CHAPELLE NOTRE-DAME

Petit parcours agréable et varié. Le site est remarquable.
- **Temps du circuit : 1 h 00**
- **Dénivellation : montée 40 m ; descente 40 m**
- **Kilométrage : 3 km**
- **Cartographie : carte IGN au 1/25 000ᵉ feuille n° 3343 est "Tavernes"**

Description de l'itinéraire

A Saint-Laurent-du-Verdon (alt. 469 m), parking derrière l'église.

Curiosité

L'église Saint-Laurent est un édifice classique qui comporte trois puissants contreforts sur le bas-côté nord ainsi que trois baies en ogive dont la plus occidentale est borgnée. Sur la façade, ouverture en ogive sur simples chapiteaux dominée par un oculus à vitrail. La tour-clocher assez trapue présente une arcature sur chaque face. L'intérieur, classique, vous y découvrirez une inscription romaine sur le socle des fonts baptismaux.

Traverser le village vers le sud-ouest et suivre la route CD311 pendant environ 250 m où un chemin revêtu s'écarte à gauche – croix en fer à l'angle. Avec un tracé jaune, s'engager sur celle-ci qui descend vers une bifurcation (alt. 456 m).
— **Du village Saint-Laurent-du-Verdon : 10 mn.**

Toujours avec le tracé prendre à droite vers le sud, en franchissant d'abord un ravinement ; passer à droite d'un cabanon en lisière d'un champ en friches,

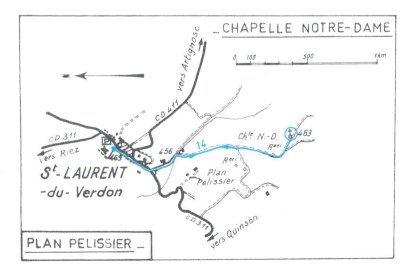

et à gauche de propriétés puis de cultures céréalières. Pénétrer dans une chênaie en s'élevant régulièrement. Laisser un chemin se détacher à droite (banc) et peu après, un petit chemin, moins évident, s'écarter à gauche ; longer des cultures à droite, passer à droite d'une ruine et effectuer un coude à gauche, vers le sud-est, en bordure d'un champ. A une bifurcation, poursuivre à gauche dans la même direction en s'élevant dans un bois de pins, pubescents et genêts afin d'aboutir à la chapelle Notre-Dame (alt. 483 m).

— **De la bifurcation alt. 456 m : 20 mn.**

— **Du village de Saint-Laurent-du-Verdon : 30 mn.**

Curiosité

Simple chapelle dans un site fabuleux ; l'intérieur n'est plus accessible, l'entrée plein cintre a été obstruée (danger d'effondrement du toit en bâtière). Sur les côtés, minces baies ; derrière très belle abside romane.

— **Retour par le même itinéraire en 30 mn.**

N° 15 – CIRCUIT DE SAINT-MAXIME

CHAPELLE SAINT-MAXIME
BAPTISTÈRE DE RIEZ

Petit circuit conduisant à un très beau site ayant beaucoup d'intérêt.

Temps du circuit : 1 h 00

Dénivellation : montée 120 m ; descente 120 m

Kilométrage : 2,700 km

Cartographie : carte IGN au 1/25 000ᵉ feuille n° 3342 est "Valensole"

Description de l'itinéraire

Riez, ancienne citée romaine (alt. 523 m), parking. Rejoindre la place Émile Bouteuil devant la cathédrale (fontaine, lavoir public). Franchir une porte en ogive et s'élever à gauche vers le nord-est, passer près de la tour de l'horloge surmontée d'un très beau campanile et gagner l'entrée du sud du cimetière. Un escalier prolongé par un petit sentier rocailleux (tracé jaune) longe le mur du cimetière et un réservoir ; puis, c'est une progression en lacets entre acacias, aubépines et prunelliers, qui conduit à une colonne de 1862 dominée par la statue de la Vierge, en limite d'une prairie ceinturée de pins, chênes pubescents, marronniers… avec en toile de fond la magnifique chapelle Saint-Maxime (alt. 637 m), (aire de repos).

— **Du village de Riez : 25 mn.**

Curiosité

La chapelle romane Saint-Maxime, classée M.H., a été édifiée au XVIIᵉ siècle. Elle est prolongée au sud-est par le monastère de la Fraternité Sainte-Claire (ordre de Clarisse) aujourd'hui

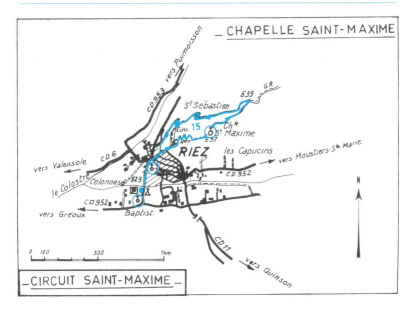

occupé par des religieuses. Au-dessus du monastère, on peut voir une magnifique tour-clocher à deux niveaux avec une grande arcature plein cintre sur chaque face surmontée d'un toit pyramidal. La façade de la chapelle présente une ouverture dominée par un fronton triangulaire s'appuyant sur deux chapiteaux avec un mascaron dans l'axe. A droite, avant l'entrée, se trouve un cippe ; à l'intérieur, un bénitier taillé dans la pierre ; une nef centrale, restaurée en 1857, séparée d'un déambulatoire par six colonnes corinthiennes. La curiosité réside par les pleins cintres entre les colonnes ainsi que la recherche architecturale de plafonds en croisées d'ogives éclatant depuis la clef de voûte en rosace sous le plafond ; on y découvre également de belles fresques et des peintures judicieusement adaptées ne manquant pas d'attirer l'attention. Dans l'axe de l'entrée on peut voir une baie plein cintre avec un vitrail. A l'arrière de la chapelle, une abside romane ; au sud-est du monastère.

Point de vue

Très étendu sur la campagne de Riez et la vallée du Colostre.

Derrière l'édifice, par un bon chemin revêtu, descendre au nord-est puis effectuer une boucle où l'on se dirige vers le sud-ouest entre des pubescents et merisiers. Passer à droite d'une source située au fond d'une galerie puis atteindre l'entrée nord du cimetière. Négocier une double boucle et pénétrer dans le village (tracés GR et jaune) où l'on rejoint le parking (alt. 523 m).

— **De la chapelle Saint-Maxime : 35 mn.**

— **Total du circuit : 1 h 00.**

A NE PAS MANQUER D'ALLER VISITER

Commune de Riez

• Baptistère : (classé M.H.). Situé à l'entrée sud du village dans l'angle que forme la route CD952, au milieu d'un cadre de verdure. C'est un bel édifice paléo-chrétien qui date du IVe et Ve siècles, et restauré au XVIe siècle. Une galerie sur plan carré extérieurement, elle est octogonale à l'intérieur. L'ouverture plein cintre est protégée par une porte barreaudée où vous pouvez découvrir la coupole romane centrale du toit qui repose sur huit magnifiques colonnes à chapiteaux corinthien, remaniées au XIIe siècle. Un déambulatoire circulaire sur huit niches alternativement rectangulaires et semi-circulaires. Également, deux baies cintrées, divers ex-voto. Aujourd'hui, cet édifice abrite le Musée Lapidaire où vous pouvez remarquer de très nombreuses pierres taillées ainsi que des inscriptions très anciennes.

• **Colonnes romaines** : proche du Baptistère se trouvent des vestiges de l'ancienne cité romaine du Ier siècle. La présence de quatre colonnes monolithes corinthiennes surmontées d'un architrave richement sculpté. L'ensemble est classé M.H. ainsi que les thermes.

N° 16 – AUTOUR DE MOUSTIERS-SAINTE-MARIE

NOTRE-DAME-DE-BEAUVOIR
CHAPELLE SAINTE-ANNE

Circuit classique très beau, sauvage et varié. Belle vue depuis le plateau. Riche végétation de la Haute-Provence.

Temps du circuit : circuit court 2 h 00, circuit long 3 h 30

Dénivellation : montée circuit court 340 m, circuit long 400 m ; descente circuit court 340 m, circuit long 400 m

Kilométrage : circuit court 5 km env. ; circuit long 10 km env.

Cartographie : carte IGN au 1/25 000e feuille n° 3442 ouest "Moustiers-Sainte-Marie"

Description de l'itinéraire

A Moustiers-Sainte-Marie (alt. 630 m), parking devant le cimetière dans le haut du village. Gagner plus bas la place de l'église.

Curiosité

L'église Notre-Dame classée Monument historique date du XIIe siècle et recèle plusieurs styles. L'attention est d'abord attirée par le haut clocher roman-lombard carré avec ses quatre étages dont les trois plus élevés possèdent des arcatures et sont percés de deux baies sur chaque face. Sur le flanc sud-est de l'édifice, on remarquera des arcs boutants dans la partie supérieure ainsi que des baies à double vitraux à remplage lobés. L'intérieur déploie une nef de style roman-provençal typique qui comprend cinq travées au plafond à cintre brisé. Dans la quatrième travée se trouve une chapelle de chaque côté ; à la cinquième travée, petite salle d'ex-voto. Le chœur de style gothique (XIIIe et XIVe siècles) comprend trois travées en croisées d'ogives. Derrière le chœur à chevet plat on peut voir une longue baie à vitrail sur les deux tiers de la hauteur. Autour du chœur se trouve un déambulatoire séparé par de puissants piliers avec, entre, une ouverture cintrée puis trois ouvertures en ogive de chaque côté. Contre les bas-côtés du déambulatoire on découvre de part et d'autre trois baies borgnes à arcatures géminées ainsi que quatre contre le chevet. Au-dessus du chœur, trois grandes baies de chaque côté avec des vitraux ; à l'arrière du sanctuaire un grand oculus avec un vitrail, les fonts baptismaux sont en marbre et l'entrée sur le fond se fait par une très belle porte sculptée d'ornement surmonté d'un médaillon d'Agnus Dei.

Emprunter le chemin de la Clappe (direction cascade du Riou et grotte Sainte-

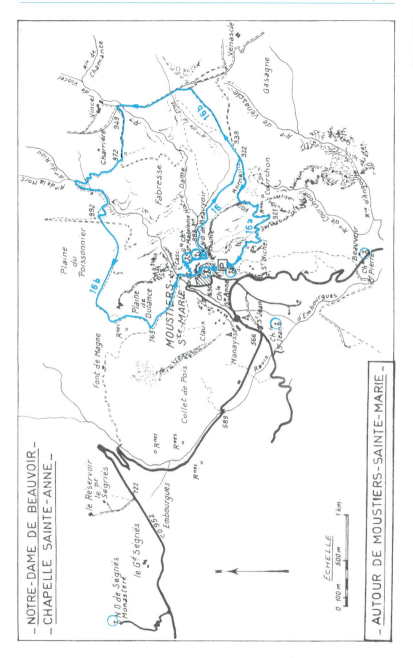

Madeleine) qui s'élève (tracé jaune) jusqu'à un oratoire. Laisser à gauche le chemin revêtu allant vers la cascade pour prendre à droite un petit chemin équipé de marches taillées qui monte fortement en effectuant des lacets vers de hauts escarpements que l'on longe ensuite vers le sud-est. Avant d'atteindre une brèche taillée dans la roche, arriver à une plate-forme où à gauche se trouve la grotte-chapelle Sainte-Madeleine.

— **Du village de Moustiers-Sainte-Marie : 15 minutes.**

Curiosité

Magnifique édifice dans cette petite grotte barreaudée où un autel avec ses colonnes ont été réalisés par un assemblage de pierres du cru ; à sa gauche, statue de Sainte-Madeleine avec devant, celle d'un loup.

Encore quelques marches et franchir la brèche où un escalier descend sur une corniche taillée dans la falaise. La suivre, avec toute son attention pour rejoindre, à l'extrémité d'un chemin de croix, une plate-forme caladée qui précède la montée à Notre-Dame-de-Beauvoir. Franchir à gauche la porte-chicane du site où le tracé jaune s'échappe à droite par une baie ; monter par un large chemin caladé entrecoupé de marches espacées jusqu'à une niche renfermant la statue de Sainte-Philomène ; à gauche, par une porte cintrée, pénétrer aux abords du sanctuaire et gagner l'esplanade devant la chapelle Notre-Dame-de-Beauvoir que trois grands cyprès camouflent en partie la façade. A gauche, une source s'écoule dans une vasque.

— **De la grotte-chapelle Sainte-Madeleine : 5 mn.**

Curiosité

Accrochée à un escarpement dans un site fabuleux, au-dessous de la chaîne qui supporte l'étoile des Blacas, cette très belle chapelle est classée Monument historique. Une première édification remonterait à Charlemagne d'après le guide (Ve siècle). Celle-ci, construite au XIIIe siècle, fut remaniée au XIVe et XVIe siècles. Devant l'entrée se trouve un porche reposant sur deux colonnes avec chapiteaux à végétaux supportant un toit pyramidal recouvert de carreaux de céramique. La façade avec sa porte décorée est surmontée d'un tympan ornementé d'une double frise de feuilles et encadrée d'une archivolte à cinq voussures en arc brisé soutenues par des colonnettes. Au-dessus du porche, un arc de décharge renferme deux baies géminées en arc d'ogive à double vitraux à remplage lobé. L'ensemble est dominé par la tour carrée en tuf au toit pyramidal à une arcade. A l'intérieur, la nef est à deux travées avec une petite chapelle dans la deuxième travée ; orgue à droite ; double transept en voûte d'arêtes en plafond. L'abside romane dans le chœur possède un autel très orné. L'oculus est entre le chœur et le transept sur le chevet pentagonal. Quatre baies à vitraux éclairent le chœur ainsi que deux dans les transepts. Deux baies seulement sur le bas côté sud-est de la nef. A l'extérieur des contreforts apparaissent sur les côtés. A gauche de l'édifice, un ermitage.

Point de vue

Devant la chapelle, on peut se rendre en bordure de la falaise, à un belvédère protégé, d'où l'on a une vue saisissante sur le lac de Sainte-Croix et l'ensemble homogène des toits en tuiles du village de Moustiers. Au-dessus, une grotte domine l'ensemble du sanctuaire.

Revenir à la porte en chicane et, avec le tracé jaune, franchir la baie pour descendre dans le creux du ravin Notre-Dame. Le traverser sur des rochers érodés et monter à sa droite (rive gauche). La côte assez soutenue s'effectue dans une zone tourmentée au-dessus de goulets et marmites (bien suivre le jalonnement). Atteindre un épaulement où le ravin se divise en plusieurs bras. Le sentier étroit et aérien circule en balcon au-dessus pendant environ 200 m où l'attention est de rigueur malgré l'attrait causé par les curieuses failles qui sillonnent la gorge. C'est maintenant une côte régulière qui s'écarte en lacets à droite du lit du torrent pour progresser dans un bois de buis et de petits pins afin de gagner une selle en bordure de la dépression (alt. 882 m), (cairn).

— **De la chapelle Notre-Dame-de-Beauvoir : 40 mn.**

A droite, vers le sud-est, suivre une croupe par une côte modérée. Un sentier arrive à droite, poursuivre à gauche vers l'est sur un même nivellement en traversant un plateau. S'incliner de nouveau au sud-est et dominer une combe très agréable ; passer sous une ligne électrique et rencontrer un bon chemin (voie romaine), (alt. 922 m).

— **Du haut de la Gorge Notre-Dame : 15 minutes.**

Deux possibilités sont offertes

1. Itinéraire court par Courchon

A droite, vers l'ouest, avec un tracé jaune, emprunter la voie romaine, d'abord horizontale elle négocie les plissements de la colline et passe au-dessus des ruines de Courchon (restanques), barrière. Progressivement, s'élever et, après un crochet à gauche, aboutir à la crête de la colline (alt. 921 m).

— **De l'accès à la voie romaine 15 minutes.**

Point de vue

Sur le lac de Sainte-Croix et la vallée.

Basculer sur le versant opposé, au-dessus de Moustiers ; le chemin rocailleux, en partie caladé, effectue de nombreux lacets. A l'un d'eux, à droite se détache une trace, jalonnée en jaune, dans les rochers pour conduire à l'ancrage de la chaîne de l'Étoile des Blacas. Continuer par la voie romaine, passer dans une zone incendiée puis cheminer dans une pinède où l'on remarque plus haut une ruine moyenâgeuse plaquée contre le bas de la falaise ; entre genêts et yeuses franchir une barrière et longer, à droite, le mur du cimetière qui conduit au parking de Moustiers (alt. 630 m).

— **De la crête : 30 mn.**

— **Total du circuit 2 h 00.**

Curiosité

Au bas du parking, en longeant le chemin du cimetière, on arrive à la chapelle romane Sainte-Anne protégée devant par un grand porche en charpente de bois, soutenu par deux colonnes octogonales. La façade de l'édifice présente une grande ouverture cintrée à claire-voie, barreaudée en bois ; un mur-clocher domine l'édifice. Sur le flanc sud-est, deux minces ouvertures cintrées ; un chevet plat avec une baie à vitrail. A l'intérieur, une vasque sur une colonne en pierre ; un autel en marbre. Le plafond est plat.

2. Itinéraire long : circuit de Fabresse

Poursuivre vers l'est sur environ 150 m, on se trouve à une bifurcation (alt. 939 m) ; laisser à droite un tracé bleu se diriger à la ferme de Venascle pour prendre à gauche (tracé jaune) le chemin moins important qui rejoint la ferme de Vincel. Buter contre un chemin qui encorbelle une piste, à gauche gagner celle-ci au ravin de la Cine et la parcourir jusqu'au carrefour de la ferme de Vincel

(alt. 949 m), précédé par le ravin de Vincel.
— **De l'accès à la voie romaine : 30 mn.**

Prendre la piste de gauche et l'abandonner environ 50 m plus loin, pour emprunter un chemin à gauche, vers l'ouest, qui traverse le plateau de Charrière. A une ruine à gauche, une bifurcation précède un coude (alt. 972 m).
— **De la ferme de Vincel : 15 minutes.**

A droite, vers le nord-ouest, s'engager sur un sentier peu marqué, bien suivre le tracé jaune. Une descente en lacets conduit au creux du ravin du Riou, le franchir sous le confluent avec celui de la Mort, puis rencontrer une bergerie en ruines dans un coin de verdure. Par un parcours légèrement accidenté, se diriger vers l'aval (au sud) ; par une pente peu prononcée, longer une pinède puis ne pas manquer la trace qui s'élève au nord-ouest puis, vers l'ouest à travers des bosquets de pins afin de rejoindre un chemin charretier (alt. 992 m).
— **Du plateau de Charrière : 25 mn.**

Traverser ce chemin par un sentier vers le sud-ouest à travers des clapiers, arriver à une bifurcation (cairn). A gauche, vers l'ouest puis vers le nord-ouest, suivre une combe boisée de grands pins par une descente régulière ; s'incliner au sud-ouest puis au sud à la lisière du bois de la Plaine de Durance où la vue s'étend sur le plateau de Valensole et le village de Puimoisson. Atteindre une bifurcation (alt. 763 m).
— **Du chemin charretier : 40 mn.**

A gauche, vers le sud-est, entre une cédraie puis une pinède à gauche et des restanques d'oliviers à droite, descendre par le sentier de Majastre (tracés jaune et orange). Vers le bas, le sentier des Claux arrive à droite en épi. Poursuivre vers l'est et se trouver sur un pont médiéval qui enjambe le ravin du Riou au-dessous de la grande cascade. Remonter un chemin empierré qui passe sous un porche voûté en ogive dont la partie supérieure est crénelée, puis descendre par le chemin de la Clappe où l'on retrouve l'oratoire signalé au début du circuit. Revenir au centre du village puis au parking du cimetière (alt. 630 m).
— **De la bifurcation alt. 763 m : 25 mn.**

— **Total du circuit : 3 h 30.**

A NE PAS MANQUER D'ALLER VISITER

Hameau de Châteauneuf-les-Moustiers
• *Église Saint-Pons : (en ruines) du XVIIIe siècle, il ne reste que l'abside en cul-de-four dominée par les piliers du clocher, ainsi que des niches et baies dans le latéral sud.*

N° 17 – CIRCUIT DU SAN PEYRE
CHAPELLE NOTRE-DAME-DE-LA-SALETTE

Circuit extrêmement varié. Départ fabuleux parmi les Pénitents ; très belle vue depuis la crête ; la dernière partie un peu monotone est compensée par une très riche végétation.

Temps du circuit : 3 h 00

Dénivellation : montée 400 m ; descente 400 m

Kilométrage : 9 km

Cartographie : carte IGN au 1/25 000e feuille n° 3341 est "Château-Arnoux"

Description de l'itinéraire

Les Mées (alt. 410 m). Parking face à l'église sur la place de la République. Suivre le tracé jaune, monter vers le haut du village par la rue Clovis Picon, puis la rue du Rocher à gauche qui conduit, vers le nord-est, au pied de l'alignement des Pénitents des Mées. Rejoindre le moulin à un carrefour. Suivre une petite route (acacias) et arriver 100 m plus loin à une bifurcation. Avec le tracé jaune, prendre le chemin forestier de droite (barrière) qui suit le bas du versant nord des rochers de poudingue, à travers une chênaie de pubescents et de buis. Au sommet d'une côte, où se trouvent des fléchages en bois, un sentier, non jalonné, se détache à droite (alt. 436 m).

— **Du village des Mées : 20 mn.**

Emprunter ce dernier qui s'élève régulièrement en effectuant des lacets qui conduisent rapidement à la base des rochers. Franchir un verrou étroit entre deux Pénitents et c'est dans un cadre exceptionnel que l'on monte par de courts lacets dans une magnifique forêt agréable qui offre une palette d'essences très variées (érables, frênes, chênes, buis, sorbiers, amélanchiers, alisiers…). Après une bribe de marque rouge, venir buter contre un sentier transversal jalonné en jaune (fléchage "Sentier des Pénitents"). Se diriger à droite, vers l'ouest. Après un lacet, effectuer une longue traversée vers l'est qui mène à un carrefour sur la crête de la colline (alt. 595 m).

— **Du chemin au pied des Pénitents : 30 mn.**

Point de vue

En suivant la crête à droite (ouest) par un bon sentier, on atteint en 15 mn environ, un belvédère où se développe une vue saisissante sur la vallée de la vallée de la Durance.

Laisser les sentiers de droite (vers le belvédère et le ravin de la Combe) pour continuer vers l'est, avec le tracé jaune. Par un petit sentier, gravir la crête d'abord dans une pinède puis dans une chênaie ; gagner un replat. C'est maintenant par un petit chemin dans la même direction que l'on arpente la crête de la Haute-Côte ; s'en écarter légèrement à droite pour contourner un mamelon, où l'on

passe à droite des ruines de San Peyre. Environ 100 m plus loin, atteindre un carrefour à une selle (alt. 719 m).
— **De l'accès à la crête : 35 mn.**

Laisser à gauche le sentier qui rejoint les Mées par Bel Air, ainsi qu'un chemin à droite qui descend au ravin de la Combe, pour continuer par la crête avec le tracé jaune direction "La Haute-Montagne". S'incliner au sud-est, puis ce n'est plus qu'un sentier qui se faufile dans une chênaie, pour ensuite longer à gauche un champ de céréales et aboutir à un chemin (fléchage), (alt. 778 m).
— **Du carrefour de San Peyre : 20 mn.**

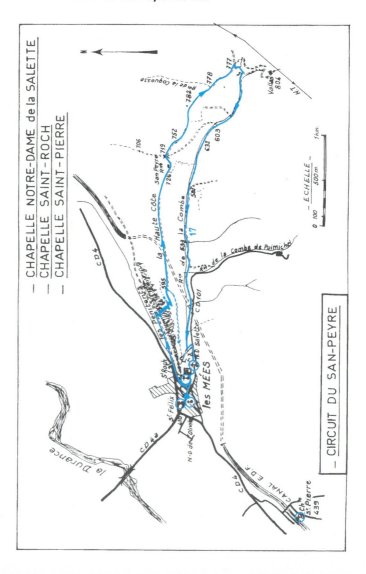

Laisser à gauche le sentier qui descend au nord sur Malijai par le ravin de la Coquesse, mais continuer au sud-est. D'abord, c'est une légère descente où l'on aperçoit à droite la ferme de Vallas, puis arriver à un croisement à environ 100 m d'une boucle (alt. 777 m).

— De la bifurcation alt. 778 m : 10 mn.

Abandonner le tracé jaune pour prendre à droite le chemin qui rejoint le haut du ravin de la Combe ; se trouver ensuite à un carrefour (grands arbres). Se diriger à droite et garder le creux du vallon où la végétation est toujours aussi riche (buis, noisetiers, sorbiers, pubescents, pins d'Alep, charmes, érables…). Un chemin s'élève à droite : limite de la forêt domaniale des Pénitents ; environ 150 m plus loin, un autre chemin se détache également à droite, pour monter dans une zone plus clairsemée vers la ruine de San Peyre (signalé plus haut), (alt. 603 m).

— Du croisement alt. 777 m : 20 mn.

Poursuivre donc dans le vallon où un nouveau tracé jaune apparaît ; la descente est à peine prononcée sur un sol souvent recouvert de galets. Un chemin s'écarte à gauche, et plus bas, dans une zone plus dégagée un autre chemin traverse (marques rouges). Remarquer un petit ouvrage à gauche, puis atteindre une vaste prairie bordée par une route à gauche. Traverser cette prairie, et par un petit sentier passer dans une ouverture sous une première digue et buter contre une seconde où, à sa droite, on découvre une galerie qui traverse les pénitents. Ne pas y pénétrer. Rejoindre la route à gauche et longer la clôture d'un camping afin d'aboutir dans le village des Mées face à la chapelle Saint-Roch et à gauche de celle de Notre-Dame-de-la-Salette. Revenir au parking (alt. 410 m).

— Du chemin accédant à San Peyre : 45 mn.

— Total du circuit : 3 h 00.

A NE PAS MANQUER D'ALLER VISITER

I. Commune des Mées

• *Chapelle Notre-Dame-de-la-Salette : elle présente une façade remarquable avec au-dessus de la porte un tympan représentant une scène pleine de sensibilité de deux enfants devant la Sainte sur fond du sommet d'une colline. Au-dessus, archivolte à trois voussures en arc brisé soutenue par des colonnes avec chapiteaux à végétaux ; grand oculus à quatre lobes et clocher-mur épais avec colonnettes aux angles soutenant un entablement avec un chapeau en delta. A l'intérieur, nef unique et travée de chœur en croisées d'ogives nervurées ; autel classique avec tableau au-dessus. Derrière l'édifice un chevet plat. Le mur septentrional présente une baie en ogive ; le toit est en bâtière.*

• *Chapelle Saint-Roch : par sa réalisation en pierres locales et sa situation géographique, elle s'intègre parfaitement au site. Édifice de style roman classique, elle a la particularité de posséder un toit en appentis avec un chevet plat à l'arrière. Trois baies s'ouvrent sur son flanc méridional. Au sommet de la façade, clocher-mur à arcade, au-dessous, mince baie et porte plein cintre, bénitier sur la terrasse à l'extérieur. A l'intérieur, nef voûtée prolongée par le chœur ; autel et statue du saint.*

II. Commune de Oraison

• *Église Notre-Dame-du-Thor : (pour mémoire). Magnifique appareil gothique très décoré qui comprend de très belles croisées d'ogives.*

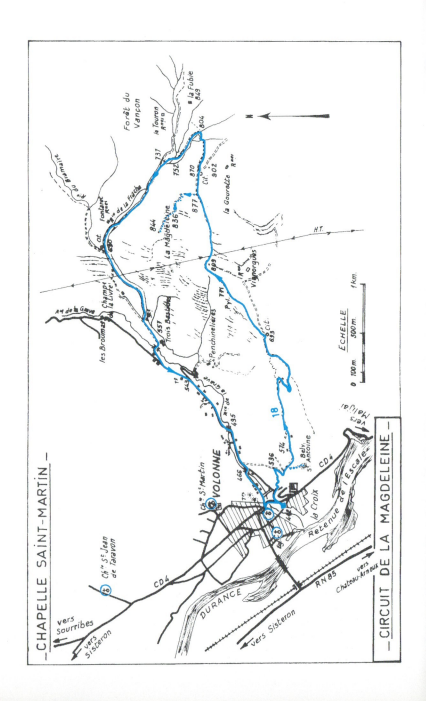

N° 18 – CIRCUIT DE LA MAGDELEINE

CHAPELLE SAINT-MARTIN
CRYPTE DE VILHOSC

Circuit très agréable, dégagé, offrant de beaux points de vue dans la première moitié. La végétation est variée.

Temps du circuit : 3 h 00
Dénivellation : montée 480 m ; descente 480 m
Kilométrage : 10,500 km
Cartographie : carte IGN au 1/25 000e feuille n° 3340 est "Sisteron"

Description de l'itinéraire

Volonne (alt. 442 m). Parking au sud-est de l'agglomération, face à l'auberge des Deux Tours. A droite de cette dernière, s'élever par le chemin des Sources – direction Vière-la-Calade (tracé jaune) – jusqu'à un carrefour traversé par une route. Couper celle-ci et s'engager sur un sentier qui monte en lacets dans une chênaie de pubescents pour venir buter plus haut contre une piste (alt. 536 m).

— **Du village de Volonne : 15 minutes.**

Aller à droite, sud-ouest, et rejoindre un coude à gauche – bifurcation. Laisser un petit chemin se détacher à gauche pour continuer par la piste où à environ 50 m plus loin une petite sente s'écarte à droite.

Hors itinéraire

Par celle-ci s'infiltrer dans le bois au-dessus d'un escarpement pour gagner à environ 100 m le belvédère Saint-Antoine protégé par un garde-corps et où la vue se développe sur la vallée de la Durance avec, sous nos pieds, la retenue de l'Escale ; plus loin, la Montagne de Lure.

Par une côte modérée, progresser vers le sud-est et s'incliner à gauche, à l'est, pour passer entre des cultures de céréales, à droite d'une fenière et à gauche d'un petit cabanon en bois au-dessous. Pénétrer dans une chênaie. Laisser un chemin à gauche, à rebrousse-poil, qui retourne aux cultures. C'est sur un palier horizontal que l'on circule entre de nouveaux champs cultivés, puis une montée régulière s'enfonce dans une pinède d'Alep. Après une première boucle à droite, franchir une barrière marquée par un câble, puis effectuer une seconde boucle à gauche où la piste s'incline progressivement au nord. Après un coude à l'est, arriver à un double crochet où se trouve un réservoir à droite (alt. 693 m).

— **De l'accès à la piste : 30 mn.**

Abandonner la piste ; face au réservoir gagner l'angle formé par son deuxième crochet ; avec le tracé jaune, par une sente mal définie gravir le talus – l'attention est demandée pour ne pas la manquer – et s'engager vers le nord-est sur la crête de la colline à travers un bois de pins, pubescents et amélanchiers. La montée régulière s'effectue dans la trajectoire d'un pylône très caractéristique. Arriver à ce dernier (structure métallique à deux étages où au sommet se trouve un panneau brun et blanc), (alt. 771 m).

Chapelle Saint-Martin à Volonne

— **De la piste : 20 mn.**

Toujours vers le nord-est, suivre le taillant de la crête par une légère déclivité qui précède une côte très prononcée dans une zone plus clairsemée. Au sommet de celle-ci, traverser un bosquet de chênes vers l'est (alt. 809 m) et par un parcours horizontal passer à un pylône sous une ligne à haute tension ; s'élever de nouveau régulièrement le long de la crête jusqu'à une bifurcation (alt. 877 m).
— **Du pylône alt. 771 m : 25 mn.**

Hors itinéraire

A gauche, vers le nord, un petit chemin descend régulièrement dans un bois, d'abord sur le flanc de la colline puis sur une croupe vers le nord-ouest ; atteindre une selle (alt. 816 m). S'élever ensuite par une trace jusqu'au sommet de la Magdeleine (alt. 844 m) où l'on peut encore trouver les traces de l'ancienne chapelle Sainte-Magdeleine (de la bifurcation alt. 877 m : 15 mn, aller-retour : 30 mn).

Poursuivre à droite vers l'est, après une très courte montée sur le flanc est de la colline, une descente modérée conduit à une baisse sur un épaulement où se trouve à droite un réservoir au pied d'un mamelon, carrefour (alt. 870 m).
— **De la bifurcation alt. 877 m : 5 mn.**

Laisser une piste à droite. Toujours vers l'est, – barrière signalée par un câble – descendre dans une hêtraie dont la pente est par endroit très prononcée sur un sol généralement boueux après les intempéries. Passer à une zone de coupe, traverser le ravin de la Frache et se trouver au fond d'une dépression (alt. 804 m). A gauche, directement nord-ouest, suivre la rive droite du ruisseau, à gauche d'une vaste prairie. Franchir un ravinement dans une zone alluvionnaire et rencontrer une piste (alt. 737 m).
— **Du carrefour alt. 870 m : 15 minutes.**

A gauche, emprunter cette piste vers le nord-ouest, entre chênaie à droite et hêtraie à gauche parsemée de pins d'Alep et d'Autriche. Se porter, à gué, en rive gauche du cours d'eau puis, environ 600 m plus loin, toujours à gué, revenir en rive droite et aboutir à un carrefour – réservoir – (alt. 630 m), où à droite un large chemin s'élève pour conduire à la chapelle Saint-Joseph de la Perusse par le ravin du Bramaïre.
— **De l'accès à la piste alt. 737 m : 20 mn.**

Poursuivre à gauche, vers le sud-ouest, en rive droite du ravin de la Frache, franchir d'abord un torrent puis passer à gauche du domaine de Champ de la Livre (aulnes et peupliers) entre des cultures et pâturages à droite et le lit du torrent à gauche. Plus bas, longer à gauche un vignoble puis un champ de sainfoin avant d'arriver à la ferme des Trois Bastides. Pâturages sur la rive opposée (alt. 557 m).
— **Du carrefour alt. 630 m : 20 mn.**

Prendre à droite, nord-ouest, un chemin revêtu, passer sur un pont qui enjambe le ravin de la Grave, et vers le sud-ouest, aboutir à une petite route (deux constructions récentes au-dessus). Toujours dans la même orientation, descendre par celle-ci, passer à un transformateur sous des résidences à droite ; à gauche, sur le flanc opposé du thalweg, remarquer la ferme des Penchinelières avec ses vastes prairies ; puis, par un pont (alt. 495 m), se porter en rive gauche (grands peupliers) et environ 500 m plus loin, par le pont de Vière, revenir en rive droite (alt. 466 m) afin de retrouver le village de Volonne à la place de Vière. Descendre par la rue de la Liberté doublée à droite par le chemin de Ronde du vieux village, et prendre à gauche la rue de la Baume, vers le sud-est, dont un pont enjambe le torrent de la Grave sous le magnifique aqueduc de l'Arc qui déploie une double arcature superposée ; rejoindre environ 100 m plus loin la place des Frères Jouve puis le parking (alt. 442 m).

— De la ferme des Trois Bastides : 30 mn.

— Total du circuit : 3 h 00.

A NE PAS MANQUER D'ALLER VISITER

I. Commune de Volonne

• Chapelle Saint-Martin : (dans le cimetière, classée M.H.). Datant du XIe siècle, de style roman, elle a été reconstruite en 1604. En 1830 un nouvel incendie a détruit la couverture d'où la teinte rougeâtre des pierres. Aujourd'hui, en partie en ruines, les murs d'enceinte et les colonnes séparant la nef des collatéraux sont encore visibles. La façade, très curieuse, exposée à l'ouest est renforcée par trois puissants contreforts et présente deux baies romanes géminées séparées par une colonne galbée avec chapiteau à végétaux, l'ensemble est surmonté d'un arc de décharge. Sur la façade occidentale, un mur-clocher très curieux avec deux arcades asymétriques. L'entrée s'effectue sur le flanc sud qui est percé de cinq fines baies cintrées. La nef centrale et ses collatéraux comprennent cinq travées. L'abside centrale où s'ouvre une baie cintrée est en cul-de-four ; les deux petites absides des collatéraux, récemment dégagées sont couvertes de lauzes et présentent une petite baie cintrée. Deux rangées de quatre colonnes cylindriques avec de simples chapiteaux doriques limitent la nef et la position des travées ; fonts baptismaux taillés dans la pierre.

• Chapelle Saint-Jean-de-Taravon : (classée M.H., propriété privée). Datant du XIIe siècle, elle a été restaurée en 1768 et 1889.

II. Commune d'Entrepierre

• Crypte de Vilhosc : (classée M.H., en propriété privée, ne peut être visitée que sous la conduite du propriétaire de la ferme du Prieuré). Elle date du XIe siècle. Il existait autrefois une église au-dessus de la crypte. Vestige du premier art roman, cette crypte miniature (2 m de hauteur maximum) semi-enterrée est de tradition paléo-chrétienne. L'accès s'effectue par une remise. Les galeries sont limitées par des rangées de colonnes galbées, monolithiques à chapiteaux cubiques et des piliers à angles droits appareillés. Le plafond est marqué par des successions d'arcs doubleaux où les claveaux empierrés sont finement traités tandis que les croisées d'ogives présentes un appareillage en pierres désordonné et d'aspect brut. Dans le fond de chaque galerie, abside avec une petite baie plein cintre borgnée surmontée d'un arc de décharge. Le sol est en terre battue. Divers ossements et pierres taillées exposés.

N° 19 – PARCOURS DES PÈLERINS

CHAPELLE SAINT-JOSEPH-DE-LA-PÉRUSSE

Parcours classique où l'on découvre au sommet une vue exceptionnelle sur la Haute-Provence. Éviter en période de froid et de fortes chaleurs.

Temps du circuit : 2 h 00 (aller et retour)

Dénivellation : montée 440 m ; descente 440 m

Kilométrage : 5 km (aller et retour)

Cartographie : carte IGN au 1/25 000ᵉ feuille n° 3340 est "Sisteron"

Description de l'itinéraire

Par la route CD3 rejoignant l'agglomération de Thoard, emprunter le chemin vicinal qui mène au hameau de La Pérusse (alt. 871 m). Parking. Avec un tracé jaune, s'élever vers le nord par le chemin revêtu jusqu'à la résidence des Romans. Dès que l'on atteint celle-ci, s'engager à gauche sur un petit chemin herbeux, puis très vite sur un sentier. C'est sur un terrain alluvionnaire composé de galets qui s'enfonce dans une vallée (cairns) que l'on progresse régulièrement. S'en écarter à droite, et monter en lacets dans le bois (chênes, amélanchiers, merisiers, genêts, érables...) par une côte plus prononcée ; effectuer une boucle à droite en balcon vers l'est pour rejoindre une selle très boisée sur la croupe de la colline (alt. 1 041 m).

— Du hameau de La Pérusse : 30 mn.

Poursuivre toujours vers l'est sur quelques dizaines de mètres puis revenir à gauche au nord-ouest, où, après une traversée, revenir vers le nord-est sur la croupe dans un milieu plus clairsemé. C'est maintenant vers le nord-ouest, par une progression directe et dégagée dont la côte est plus modérée, que l'on aperçoit, à gauche, une bergerie sur un plateau d'alpage et à droite, flanquée sous la crête, la chapelle Saint-Joseph. Après cette portion de trajet dénudée, on pénètre dans une chênaie de pubescents où le sentier se redresse fortement ; vers le haut du bois, on rejoint un fléchage ; s'incliner à droite en balcon, vers le nord, par une trace exposée au-dessus de pentes très raides, et gagner une bifurcation avec le sentier qui vient de Volonne (fléchage), (alt. 1 263 m).

— De la selle alt. 1 041 m : 40 mn.

A droite, vers le nord, puis l'est, par un bon sentier au milieu de genêts, rejoindre la chapelle Saint-Joseph (alt. 1 257 m), source.

— De l'accès au sentier de Volonne : 5 mn.

— Du hameau de La Pérusse : 1 h 15.

Le retour s'effectuera par le même itinéraire en sens inverse en 0 h 45.

Point de vue

Au coude du sentier avant d'atteindre la chapelle, par des traces au milieu des genêts, rejoindre au nord-ouest une baisse sur la crête. A gauche, vers le sud-ouest, suivre la clôture

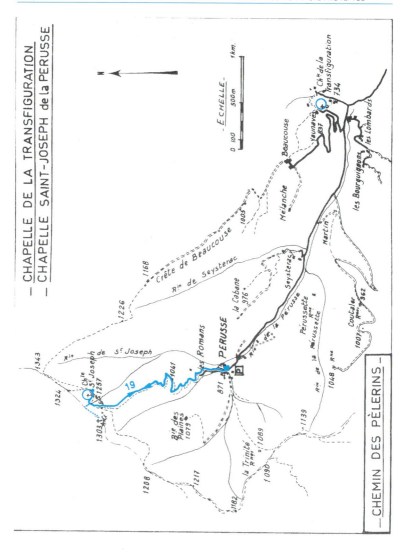

d'un parc à bestiaux pour atteindre la "Croix des Mariages" sur un sommet dénudé (alt. 1 303 m). La vue s'étend à l'est sur la vallée des Duyes avec au fond les sommets du Blayeul, des Trois Évêchés, du Cheval Blanc et du Cousson ; à l'ouest sur la vallée de la Durance avec le Luberon et la montagne de Lure.

Curiosité

Chapelle Saint-Joseph-de-la-Pérusse : ensemble de constructions qui se compose de la chapelle prolongée par une annexe avec un étage en partie délabré ; le bas peut servir d'abri en cas de mauvais temps, mais aussi pour le bétail. Plaque du Maquis de Saint-Joseph.

L'édifice, du XVIIe siècle a été sommairement restauré. Son toit en bâtière est recouvert d'éverites roses ; il présente au-dessus du chevet un clocher sur piliers carrés surmontés d'un chapeau brisé. Sur la façade, une porte cintrée surmontée d'une baie, s'ouvre dans une nef voûtée prolongée par le chœur où se trouve un autel avec tabernacle, et de part et d'autre, une statue dans une niche. Une baie s'ouvre au sud. Tribune au-dessus de la nef ; ex-voto. Un pèlerinage a lieu toutes les années le jeudi qui précède le 15 août.

A NE PAS MANQUER D'ALLER VISITER

I. Commune de Thoard

• Chapelle de la Transfiguration : (à Vaunarès), en restauration. Façade avec ouverture cintrée dominée par une baie et un clocher-mur à entablement. Toit en bâtière. De part et d'autre de l'édifice, arcs boutants. Au sud, ruines d'un ermitage ; au nord, cimetière. A l'intérieur, narthex sous tribune, nef à deux travées en cintres brisés et chœur. Entre chaque travées, voûtes à croisées d'ogives. De chaque côtés, trois baies en ogive avec vitraux ; chevet plat.

II. Commune d'Aiglun

• Chapelle Sainte-Marie-Madeleine : (au Vieil Aiglun, perchée au sommet de la colline). De style roman, elle date du 1555. Bel appareil avec accès sur le côté sud par une ouverture plein cintre avec voussure sur chapiteaux. Nef à trois travées avec chœur voûté ; chevet plat. Annexe prolongée par le clocher-tour massif avec arcade cintrée sur chaque face, surmontée d'un entablement et d'un toit pyramidal. De chaque côté, trois puissants contreforts. Au nord, table d'orientation et plaque de "Marius Autric" officier d'ordonnance de Napoléon enterré dans le cimetière à côté de l'édifice.

III. Commune de la Robine-Galabre

• Chapelle Saint-Vincent : (hameau du Forest), du XIXe siècle.
• Chapelle Saint-Pons : (hameau du Forest), du XVIe siècle (romano-gothique).
• Chapelle Notre-Dame-d'Ainac : (hameau d'Ainac).
• Chapelle rurale : (bourg de Lambert) du XVIIe siècle.
• Chapelle Sainte-Thérèse : (hameau de Tanaron).

N° 20 – CIRCUIT DU MONT-CHAUVET
CHAPELLE ET CRYPTE DE DROMON

Magnifique circuit traversant des forêts très variées dans un cadre alpestre à caractère pastoral.

Temps du circuit : 3 h 15 (avec l'ascension du Mont-Chauvet : 4 h 30)

Dénivellation : montée 400 m ; descente 400 m (avec l'ascension du Mont-Chauvet : montée 585 m, descente 585 m)

Kilométrage : 10 km (avec l'ascension du Mont-Chauvet : 14,500 km)

Cartographie : carte IGN au 1/25 000e feuilles n° 3440 ouest "Thouard" et n° 3340 est "Sisteron"

Description de l'itinéraire

Par la très jolie route CD3, de Sisteron, gagner le magnifique petit village d'Authon (alt. 1 136 m), parking à l'est de l'agglomération, gîte d'étape.
Revenir vers le village et emprunter, vers le nord, le premier chemin revêtu

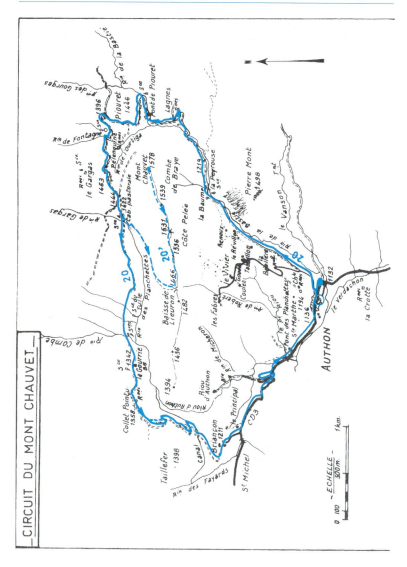

(fléchage) qui s'incline immédiatement à l'est puis au nord-est, dominant à gauche le ravin de la Bastié. Se trouver très vite à une bifurcation. Laisser à gauche le chemin revêtu, s'élever vers le hameau du Vivier, mais prendre à droite le chemin de terre (fléchage Costebelle-Palenquine) qui longe la rive droite du torrent. La montée est très modérée ; passer sous les ruines de la Biellène ; et plus loin, un petit chemin herbeux arrive à gauche. Le long du cours d'eau, la progression s'effectue dans un bois plus marqué par sa densité, aux essences variées (pins sylvestre et à crochets, épicéas, sapins, hêtres et quelques

mélèzes…). Passer sous la bergerie de Révillon où, à gauche, un sentier y accède ; s'incliner à l'est, à droite, au lieu-dit : la "Peyrouse" afin de se trouver à une bifurcation (alt. 1 219 m), (fléchage et tracé jaune).
— **Du village d'Authon 40 mn.**

A droite, laisser un sentier traverser le ruisseau qui se dirige vers les Monges. Continuer donc par la piste (tracé jaune), franchir le ravin de l'Ourtigas sur un radier et effectuer une première boucle à droite où la montée se redresse fortement. Ne pas suivre à gauche un chemin récemment ouvert, ni le chemin forestier qui se détache à droite vers la campagne de Lagnes (barrière). Poursuivre vers le nord en dominant le cours d'eau et effectuer une seconde boucle vers l'est où l'on peut voir, au-dessous, le magnifique pont de pierres de Piouret qui enjambe le ruisseau. A la courbure de la boucle, franchir le ravin (source à droite, rochers recouverts d'herbe et de mousse). Revenir à l'ouest puis au nord en s'écartant progressivement du torrent. Laisser un chemin filer à gauche vers les ruines de Pétenquine et se trouver à une bifurcation (alt. 1 396 m).
— **De la bifurcation alt. 1 219 m : 40 mn.**

La piste de droite se dirige vers Costebelle, ne pas la suivre, mais prendre celle de gauche (barrière de l'ONF) qui effectue immédiatement une boucle à gauche (tracé jaune) et passe à gauche d'un réservoir. Vers l'ouest, par une légère pente, traverser le ravin de Fontagne, puis une petite montée régulière (fil à bétail à droite) conduit au collet de Gargas (alt. 1 463 m). Par le bon chemin, une faible descente emmène, à environ 200 m, à un croisement (alt. 1 444 m).
— **De la bifurcation avec la piste de Costebelle : 20 mn.**

Laisser la bonne piste qui s'élève à droite vers le nord-ouest, pour prendre à gauche le chemin moins évident qui descend dans une très belle forêt de mélèzes. A environ 250 m, arriver à la cabane pastorale du Mont-Chauvet (alt. 1 422 m).
— **Du croisement alt. 1 444 m : 5 mn.**

Curiosité

Petite construction servant d'abri, et pourquoi pas y dormir ? Devant, appendice en bois en appentis ; derrière, source.

Hors itinéraire

De cette cabane, vers le sud, suivre en rive gauche le ravin de Cugarel jusqu'à son confluent avec celui des Planchettes. Un sentier s'élève régulièrement vers le sud-ouest puis le sud afin de gagner la baisse de Lieuron (alt. 1 466 m). A gauche, vers l'est, parcourir la crête qui passe d'abord au sommet 1 536 m, puis après une descente, à un évasement, atteindre la pointe (alt. 1 539 m), puis le sommet du Mont-Chauvet (alt. 1 578 m).
— **De la cabane pastorale : 45 mn.**

Vers l'ouest, traverser le ravin de Cugarel à gué ; le bois plus clairsemé est jalonné de claps. Passer à une barrière et traverser un bosquet (ruines à droite) ; enjamber plusieurs petits ruisselets ainsi que le ravin de la Combe avant d'arriver à la bergerie de la Gourrie (alt. 1 342 m), (source).
— **De la cabane pastorale : 30 mn.**

Par un chemin de terre (ardoise) passer à droite des ruines du Collet Pointu…

Point de vue

A gauche des ruines, sur un mamelon, la vue est remarquable à l'ouest sur la vallée de la Durance et la Montagne de Lure ; au nord sur la montagne de Jouère et la crête du Clôt des Martres ; à l'est sur le sommet des Monges et la crête de Conaples.

... et atteindre une baisse d'où l'on amorce une descente entre les buis, d'abord vers le sud-ouest, puis au sud, par un petit chemin qui effectue des lacets afin d'aboutir aux constructions du hameau de Briançon (alt. 1 211 m), (gîte, maison d'hôte).

— **De la bergerie de la Gourrie : 30 mn.**

Par un chemin revêtu, vers le sud, rencontrer à environ 200 m, la route CD3. A gauche, sud-est, suivre cette route, laisser à gauche le chemin qui conduit au gîte du Riou d'Authon et gagner le village d'Authon (alt. 1 136 m).

— **Du hameau de Briançon : 30 mn.**

— **Total du circuit : 3 h 15.**

A NE PAS MANQUER D'ALLER VISITER

Commune de Saint-Geniez

• Chapelle et crypte de Notre-Dame-de-Dromon : (classée M.H.). Crypte du XIe siècle, le voûtement a été refait au XVIIe siècle. Cette chapelle a été édifiée sur le site antique de Théopolis dont il reste les vestiges de l'enceinte devant l'édifice qui a été reconstruit plus grand en 1682. L'ouverture se situe sur le côté gauche de la façade surmontée d'une simple croix de bois et d'un épitaphe ; contreforts sur la façade et sur le côté sud ; à l'arrière, l'abside semi-elliptique. La crypte a été taillée dans le roc sous la partie orientale du sanctuaire. On y accède depuis la chapelle par une ouverture plein cintre. De forme triconque, elle possède des décorations d'inspiration byzantine datant du VIIIe-IXe siècles. Les piliers et chapiteaux décorés différemment supportent les croisées d'ogives du plafond. Deux petites ouvertures laissent passer un minimum de lumière à l'intérieur. Au nord, chapelle funéraire formée de quatre piliers sous chapiteaux supportant les croisées d'ogives, et copte d'inspiration monophysisme (ouverture à l'ouest).

• Petite chapelle funéraire : à l'ouest de Chardavon, clocher en lanterneau à quatre côtés et toiture en pyramidion (dans le cimetière).

• La Pierre Écrite : ce n'est pas une chapelle, mais une inscription romaine marquant le passage en ces lieux au Ve siècle après J.-C. de C.-P. Dardanus, ex-préfet des Gaules.

N° 21– SOMMET SUD DE COUSSON
CHAPELLE SAINT-MICHEL-DE-COUSSON

Magnifique parcours au milieu d'une végétation variée à caractère alpestre. Points de vue fabuleux sur la dernière partie de l'ascension.

Temps du circuit : 2 h 45

Dénivellation : montée 600 m ; descente 600 m

Kilométrage : 9,500 km (aller et retour)

Cartographie : carte IGN au 1/25 000e feuille n° 3441 ouest "Digne"

Chapelle Saint-Michel-de-Cousson

Description de l'itinéraire

Au petit village d'Entrages, possibilités de stationner à l'entrée de l'agglomération au lieu-dit "La Taulisse" (alt. 943 m). Gagner le haut du village (alt. 958 m), (gîte, fontaine) et, à droite d'un oratoire, s'engager sur un bon chemin horizontal vers l'ouest (fléchage tracés jaune et rouge de la GTPA). Rapidement, atteindre un bifurcation. Laisser le bon chemin s'écarter à droite pour s'élever par un chemin plus petit sur un sol rocailleux entre des pâturages ; franchir le ravin des Houerts (alt. 1 002 m), (buis, peupliers), et s'incliner au nord-nord-ouest par un chemin un peu sinueux jusqu'à un embranchement (alt. 1 048 m) où on l'abandonne à droite vers des cultures de céréales. Prendre donc, à gauche, un sentier pratiquement rectiligne, entre érables, buis et sorbiers, dont la côte est plus marquée, avec pour point de mire la Tête de la Clapière. A la côte 1 290 m (cairn), effectuer un crochet à gauche, au sud-ouest, pour aboutir rapidement au Pas d'Entrages – croisement – (alt. 1 213 m).

— **Du village d'Entrages : 45 mn.**

Le tracé GTPA (jaune et rouge) traverse la crête pour se diriger vers Digne. Ne pas le suivre, mais à gauche, vers le sud, emprunter un petit sentier jalonné en jaune qui suit le taillant de la crête dans un bois de chênes pubescents et de pins au départ, ensuite de feuillards (hêtres). La montée se redressant davantage devient plus pénible. A la côte 1 293, s'écarter à droite, au sud-ouest, sur le flanc occidental de la crête ; la côte s'adoucit sous une forêt de feuillus puis de mélèzes. C'est par une traversée dénudée à flanc de coteau au-dessus du ravin de Richelme, à droite, que l'on atteint la Baisse du Merle (alt. 1 395 m).

— **Du Pas d'Entrages : 30 mn.**

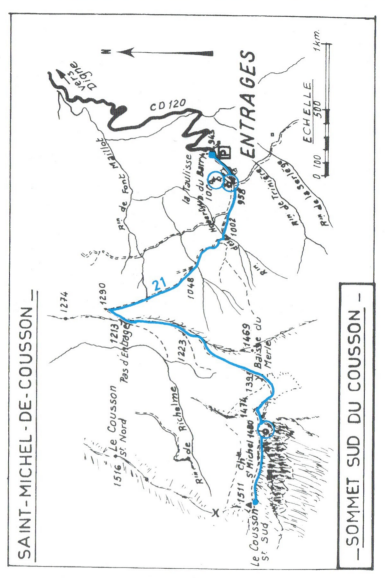

Avec le tracé jaune, se porter au sud, le sentier s'incline au nord-ouest pour progresser à flanc de coteau au-dessous de la crête afin de la rejoindre en bordure de plateau (alt. 1 474 m). Traverser le plateau d'alpages, vers l'ouest, en se tenant proche des escarpements sud, d'où l'on découvre la chapelle Saint-Michel-de-Cousson sur le sommet d'une proéminence au-dessus de très hauts à-pic. S'y diriger en franchissant une clôture à bétail (bien la refermer), passer à un étranglement au-dessus de falaises de part et d'autre et arriver à la chapelle (alt. 1 480 m).

— De la Baisse du Merle : 15 minutes.

Curiosité

Avant d'aborder la chapelle, se trouve une table d'office avec une croix de fer et une cloche. L'édifice, très ancien, fut restauré en 1983 ; il se présente avec un toit en bâtière couvert de lauzes. Au-dessus de la porte en arc surbaissé deux plaques d'entrelacs ont été scellées datant du roman primitif, représentant des croix ancrées datant aux alentours du IXe siècle. A l'arrière, contrefort. L'intérieur voûté abrite une petite table d'autel. De part et d'autre de l'entrée, ouvertures lobées.

Revenir sur le plateau d'alpages ; vers l'ouest, par une trace, suivre le fil de la crête qui conduit au sommet du Cousson sud (alt. 1 511 m), (signal et borne géodésique).

— De la chapelle Saint-Michel-de-Cousson : 15 minutes.

— Du village d'Entrages : 1 h 45.

Point de vue

Magnifique belvédère d'où la vue s'étend au nord, sur le sommet nord du Cousson, les préalpes de Seynes, le massif des Écrins ; à l'ouest, sur la vallée de la Bléone et la montagne de Lure ; au sud, sur la vallée de l'Asse et le plateau de Valensole ; à l'est, sur les Trois Évêchés et les montagnes d'Allos.

Retour par le même itinéraire, en sens inverse, en 1 h 00 environ.
— **Total de la randonnée : 2 h 45.**

A NE PAS MANQUER D'ALLER VISITER

I. Commune de Mezel

• Chapelle Notre-Dame-du-Rosaire : (au-dessus du village). Remaniée en 1689. On y pénètre par un grand porche plein cintre. Nef et bas-côtés cintrés ; chœur avec autel à tabernacle et tableau au-dessus. Plafond avec charpente. Porte surmontée d'une niche style Renaissance. Clocher-mur à gauche déporté avec arcade et angle brisé au sommet. Grande horloge à aiguille unique ; chevet plat.

• Chapelle Notre-Dame-de-la-Liesse : petit édifice à la sortie sud du village. Ouverture en arc surbaissé reposant sur chapiteaux et colonnettes. On devine également la trace d'un ancien élément en ogive. A l'intérieur, mobilier. Le carrelage du XVIIe siècle était inscrit à l'Inventaire des M.H., depuis, il a été volé.

II. Commune de Saint-Jeannet

• Chapelle Saint-Jean : (classée M.H.). Sur un plateau au-dessus du village, accolée au cimetière. Datant du XIVe siècle, il est de style romano-gothique. Structure à deux éléments avec clocher-plat à arcade latéral. A l'intérieur, remarquer un narthex intégré à la nef limitée par des arcs plein cintre avec au plafond une voûte en croisées d'ogives quadripartites reposant sur chapiteaux à feuillages. Le chœur, en arc d'ogive, développe une voûte en croisées d'ogives sexpartites sur chapiteaux à végétaux et à têtes. Autel à tabernacle avec niche carrée derrière et niche en arc trilobé au-dessus. Carrelage en terre cuite ; croix processionnaires ; extérieurement, baies sur le côté sud avec cintre sur colonnettes à petits chapiteaux (en cours de restauration).

III. Commune d'Estoublon

• Chapelle Saint-Arciric : (église du village). Abside du XIIe siècle inscrite à l'Inventaire des M.H. Sur la façade, grand portail surmonté d'un tympan et d'une archivolte avec oculus et fronton sous le toit. Très beau clocher-tour avec arcades et arcatures au-dessous. Contreforts du chœur avec des arcades en ogive ; chevet stylisé.

Notre-Dame-de-La-Lauzière

N° 22 – CHEMIN DES PÈLERINS
CHAPELLE NOTRE-DAME-DE-LA-LAUZIÈRE

Parcours agréable conduisant à un très beau point de vue dans un site fabuleux. Éviter les heures chaudes l'été.

Temps du circuit : aller 0 h 45, retour 0 h 30

Dénivellation : montée 190 m ; descente 190 m

Kilométrage : 4,500 km (aller et retour)

Cartographie : carte IGN au 1/25 000e feuille n° 3440 est "La Javie"

Description de l'itinéraire

Au village du Brusquet (alt. 772 m). Parking à l'ouest de l'agglomération. Revenir vers l'ouest sur la route CD900 et la suivre pendant environ 100 m où, à droite, vers le nord, la petite route CD222 se détache pour rejoindre le hameau du Mousteiret (alt. 768 m). Avec un tracé jaune, s'y engager ; passer à gauche d'une chapelle-oratoire et s'incliner à gauche, au nord-ouest puis à l'ouest où un chemin vicinal s'écarte à droite pour monter vers le nord-est (fléchage). L'emprunter, il s'élève par une côte très prononcée ; passer devant la dernière résidence et effectuer une boucle (panneau de sens interdit pour les véhicules), (alt. 810 m), fin du revêtement.

— **Du village du Brusquet : 15 minutes.**

Franchir une chaîne et progresser sur un sol couvert d'ardoise entre yeuses, buis, genêts puis chênes pubescents. C'est maintenant un enchaînement de lacets réguliers ; laisser un petit chemin à gauche, puis cheminer sous des vestiges de murets de pierres brunes afin d'arriver sur la crête de la colline où à gauche, on gagne la chapelle Notre-Dame-de-Lauzière (alt. 952 m) dans un site d'une très grande beauté.

— **De la fin du revêtement : 30 mn.**

— **Du village du Brusquet : 45 mn.**

Curiosité

Dans une prairie aux abords très arborés (marronniers, cerisiers, lierre, églantiers et pubescents…), on peut voir une grande tour ruinée et des anciens murets. L'édifice roman présente une ouverture plein cintre sur chapiteau cubique, dans l'axe au-dessus : une niche. A l'intérieur, nef avec statue à gauche, et chœur voûté où se trouve le maître-autel avec un retable du XVIIIe siècle (classé), un tableau ainsi que la table d'office et des ex-voto. Trois baies avec vitraux éclairent l'appareil. Derrière la chapelle, dépendances et clocher-tour à arcades au toit en poivrière avec doucine à la base.

Point de vue

Remarquable. Au nord sur la crête du Blayeul ; au nord-est, les Trois Évêchés et la Tête de l'Estrop ; à l'est, le sommet de Denjuan et la montagne du Cheval ; au sud, la montagne de la Coupe et au sud-ouest, la vallée de la Bléone.

— **Retour par le même itinéraire en 30 mn.**

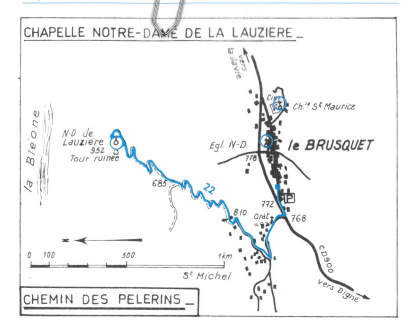

A NE PAS MANQUER D'ALLER VISITER

I. Commune du Brusquet

• Chapelle Saint-Maurice : (au cimetière). Du XIIe siècle ; façade avec arêtes curvilignes, conçue en croix latine ; faux narthex à l'intérieur.

II. Commune de Marcoux

• Eglise Saint-Etienne : (classée M.H.). Du XIIe siècle ; à l'intérieur, autel franciscain en bois doré qui date du XVIIe siècle (classé) et des tableaux du XVIe, XVIIe et XVIIIe siècles ; contreforts massifs à l'extérieur ; clocher-tour à deux niveaux avec campanile.

N° 23 – BALCON DE LA JAVIE
CHAPELLE NOTRE-DAME

Petit circuit de promenade très agréable qui offre une très belle vue.
Temps du circuit : 0 h 45
Dénivellation : montée 100 m ; descente 100 m
Kilométrage : 1,800 km (aller et retour)
Cartographie : carte IGN au 1/25 000e feuille n° 3440 est "La Javie"

Description de l'itinéraire

Village de Javie (alt. 810 m), parking sur la place de la mairie.
Aller au carrefour des routes CD900 et CD107, pour emprunter cette dernière se dirigeant aux Prads-Haute-Bléone, en longeant le cours de la Bléone à gauche (R.D.) sur environ 400 m afin d'arriver au camping à droite et aux services de l'Équipement et cimetière à gauche (alt. 813 m).
— **Du village de la Javie : 10 mn.**

Entre les bâtiments de l'Équipement et le cimetière, un sentier s'élève en s'infiltrant dans un bois, d'abord de pins et de buis, et plus haut, d'épicéas et de chênes pubescents (tracé jaune, fléchage). Ce sentier est jalonné par les 14 stations d'un chemin de croix récemment restauré avec de magnifiques représentations très simples à la peinture dans leur niche. La progression s'effectue en lacets sur un sol couvert d'ardoise où des marches ont été façonnées, jusqu'à la chapelle Notre-Dame (alt. 910 m).
— **De la route CD107 15 minutes.**

Curiosité

Cet édifice présente un abside sur l'ensemble du chevet. Ouverture plein cintre sur la façade avec une porte renforcée en tôle ; au-dessus, clocher-plat à une arcade. Devant, croix de fer et mât avec une oriflamme. Pinède au-dessus. Jeunes cèdres.

Rejoindre la grande croix de fer et s'incliner à droite vers le nord par un petit sentier souple et agréable, dans le cœur d'une pinède. Après deux lacets, rencontrer une bifurcation. Avec le tracé jaune, prendre à gauche ; au lacet suivant se trouver sur une plate-forme où se déploie une vue imprenable sur la vallée de la Bléone. Poursuivre la descente par de nouveaux lacets et arriver à une bifurcation sous un rocher. Prendre à droite par une forte pente équipée d'une main courante et arriver à une construction. A droite de celle-ci, par un escalier, aboutir sur la route CD900 à la sortie nord-est du village. Revenir à gauche au parking (alt. 810 m).
— **De la chapelle Notre-Dame : 20 mn.**

— **Total du circuit : 45 mn.**

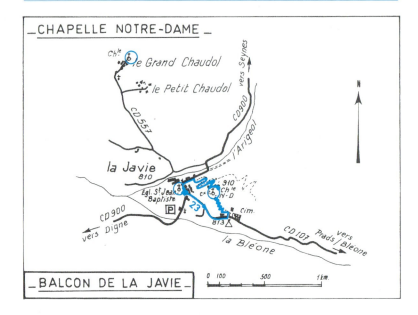

A NE PAS MANQUER D'ALLER VISITER

I. Commune de la Javie

• Église Saint-Jean-Baptiste : de 1822, magnifique tympan ; au sommet de la façade, croix potencée ; clocher-tour à entablement avec balustrade autour et toit pyramidal avec gâbles et crosses.

II. Vallée de Boumenc

• Chapelle Saint-Pons : (commune de Draix). Romane de 1854.
• Chapelle de Rouine : (hameau de la Rouine) récemment restaurée.
• Chapelle de l'Assomption : (commune d'Archail) reconstruite en 1828.

III. Vallée de la Bléone et de la Chanollette

• Chapelle Saint-Jean-Baptiste : (hameau de Chanolles) reconstruite en 1810.
• Chapelle de Chavailles : du XIIIe siècle en style roman.
• Chapelle Sainte-Anne : (commune de Prads Haute-Bléone). Église du village. Belle porte avec fer forgé, encadrement en arc brisé sur tympan. Deux baies lancéolées sur la façade et croix grecque au-dessus. Clocher-tour avec toit pyramidal à huit faces avec évasement recouvert de tuiles plates et crosses sur les arêtes. Abside à cinq pans.
• Abbaye Chalaisienne de Faillefeu : (du XIIe siècle). Ce fut un prieuré clunisien. Aujourd'hui, il ne reste que des vestiges en pierres taillées.

N° 24 – SOMMET DU BLAYEUL
CHAPELLE DE LA TRANSFIGURATION

Un des plus beaux belvédères des Alpes-de-Provence. Ascension très longue due aux nombreuses sinuosités. Peut être réalisée à ski de montagne l'hiver et à VTT en période estivale.

Temps de l'ascension : montée 4 h 15, descente 3 h 00, total 7 h 15

Dénivellation : montée 1 150 m ; descente 1 150 m

Kilométrage : 29,000 km (aller et retour)

Cartographie : carte IGN au 1/25 000e feuille n° 3440 est "La Javie"

Description de l'itinéraire

Sur la route CD900, au petit hameau de Labouret (alt. 1 050 m). Parking.

Se porter au sud du hameau et s'engager sur la petite route qui s'élève à l'ouest, puis vers le sud, en direction des hameaux de l'Escalle et de Boullard. Celle-ci effectue deux crochets et passe sous la petite bourgade de l'Escalle (lavoir public) – fin du revêtement – et à la campagne de la Bâtie où elle s'incline à l'ouest dominant le ruisseau de Piogier à gauche afin d'aboutir à un carrefour, où le ruisseau busé traverse au-dessous (alt. 1 188 m).

— Du hameau de Labouret : 45 mn.

Prendre à gauche vers le sud, longer à droite la propriété de Piogier, arriver à une bifurcation au col de Boullard (alt. 1 231 m).

— Du carrefour alt. 1 188 m : 10 mn.

Hors itinéraire

A gauche, au sud-est, effectuer environ 100 m pour se trouver à une nouvelle bifurcation. Se diriger à droite, direction Boullard, par un petit chemin qui descend faiblement vers le sud-ouest afin de gagner le magnifique petit bourg de Boullard (alt. 1 168 m).

— Du col de Boullard : 15 minutes.

Curiosité

Ce curieux petit bourg apparemment inhabité possède de très belles constructions entretenues. La chapelle de la Transfiguration, dans le haut de cette petite agglomération, est en très bon état. De style néoromane, elle date de 1804, présente une ouverture plein cintre et un très bel oculus avec vitrail ; au-dessus, un clocher-plat avec toit en bâtière. Derrière, chevet plat ; à l'intérieur, un autel doré est surmonté d'un tableau.

Au col de Boullard, poursuivre par la piste qui effectue un crochet au sud-est (source de Coulimard) pour s'élever ensuite au nord. Passer à droite d'un local technique d'alimentation en eau, puis se trouver à une bifurcation. Prendre le chemin de gauche qui monte parallèlement à la piste vers le nord-ouest au départ, puis effectue une boucle au sud avant de revenir progressivement vers le nord à travers la belle forêt de Siserette (pins, chênes pubescents, églantiers, merisiers puis hêtres et sorbiers...). Retrouver la piste plus haut (alt. 1 489 m)

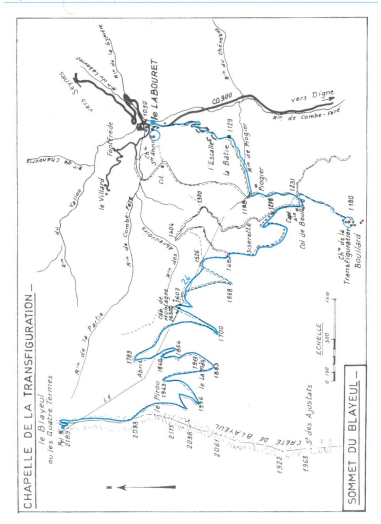

— **Du col de Boullard : 40 mn.**

La suivre à gauche, vers le nord et rejoindre une boucle (ligne électrique). Dans le bois, prendre le chemin rectiligne, vers le nord-ouest, à droite de cette boucle dont la côte plus prononcée suit la ligne électrique pour aboutir à des alpages face à des cabanes de bergers (alt. 1 592 m). La piste arrive à gauche.
— **Du chemin alt. 1 489 m : 10 mn.**

Rejoindre celle-ci qui amorce une courbe, mélèzes, puis effectue un premier crochet à gauche suivi d'un second à droite à une construction (alt. 1 630 m), (barrière).
— **De l'accès à l'alpage : 10 mn.**

C'est maintenant une série de longues boucles qui permettent de s'élever sur un terrain dénudé parsemé de rocailles où vous pouvez jouer à cache-cache avec les marmottes et découvrir la magnifique flore printanière (gentianes, primevères, myosotis, pensées, renoncules, narcisses…). Passer à gauche d'un abri sommaire en pierres sèches, et bien plus haut, après de nombreux lacets aboutir à la crête au nord du mamelon du Pirou (alt. 2 093 m).

— De la dernière construction de l'alpage : 2 h 00.

Vers le nord par la piste, suivre la crête qui conduit au sommet du Blayeul (ou des Quatre Termes), occupé par une grande antenne TV et une construction technique. Point géodésique (alt. 2 189 m).

— De l'accès à la crête : 20 mn.

— Du hameau de Labouret : 4 h 15.

Point de vue

Exceptionnel sur l'ensemble des Alpes du sud. Retour par le même itinéraire, en sens inverse (environ 3 h 00).

A NE PAS MANQUER D'ALLER VISITER

I. Commune de Beaujeu
 • Chapelle au Clucheret : (site classé).

II. Commune de Verdaches
 • Chapelle Saint-Domnin : d'origine médiévale, en pierres apparentes ; toit en bâtière couvert de tuiles en écaille ; sculptures de têtes d'animaux sur la façade ; clocher en châssis de bois en U inversé.

III. Commune du Vernet
 • Chapelle Saint-Pancrace : (au Haut-Vernet accès par un petit chemin de terre). Petit édifice alpestre avec un très grand clocher-tour à gauche en pierres apparentes et un toit flèche en pyramide à six faces. Au-dessus de l'entrée fronton en bois ; chevet plat. A l'intérieur, mobilier, autel et plafond rampant.

N° 25 – SOMMET DU PIÈGUT
CHAPELLE SAINT-JEAN-DE-PIÈGUT
CHAPELLE SAINT-THOMAS

Petite randonnée bien agréable qui offre une belle vue sur la vallée de l'Issole.

Temps du circuit : 1 h 00

Dénivellation : montée 200 m ; descente 200 m

Kilométrage : 3,700 km (aller et retour)

Cartographie : carte IGN au 1/25 000e feuille n° 3541 ouest "Saint-André-les-Alpes"

Description de l'itinéraire

Thorame-Basse (alt. 1 162 m), parking. Au nord du village gagner l'église Saint-Pierre-aux-Liens.

Curiosité

Édifice fondé en 1588. Clocher-tour pyramidal en évasement couvert de tuiles en écaille de céramique. A l'intérieur, Vierge à l'Enfant en marbre du XVIe siècle.

Avec un jalonnement rouge et jaune, se diriger vers l'ouest entre des résidences, puis par une piste suivie d'un chemin de croix, pénétrer dans une pinède en s'élevant régulièrement afin de gagner la chapelle Saint-Jean-de-Piègut (alt. 1 209 m).

— **Du village de Thorame-Basse : 15 minutes.**

Curiosité

On arrive face à l'abside qui se développe sur l'ensemble du chevet. Au sommet la structure de bois du clocher possède un toit pyramidal en aluminium ; façade avec ouverture en arc brisé. A l'intérieur, nef à deux travées ; plafond voûté. Devant : tilleul. (Attention, danger d'effondrement.)

Se porter à l'ouest de la chapelle où se trouve un bon chemin. Le traverser et par un petit chemin puis un sentier, progresser en lacets jusqu'au sommet de la colline de Piègut où l'on rencontre une grande tour carrée en ruines (alt. 1 287 m).

— **De la chapelle Saint-Jean-de-Piègut : 10 mn.**

Chapelle Saint-Thomas

Point de vue

Sur la vallée de l'Issole.

Revenir à la chapelle Saint-Jean-de-Piègut, et, à gauche (nord-ouest), emprunter le bon chemin qui ceinture le flanc du mamelon du Piègut, à travers une pinède ponctuée de petites clairières ; se retrouver ainsi à la chapelle (alt. 1 209 m).

— **Du sommet du Piègut et circuit : 25 mn.**

Par le chemin de croix emprunté au départ, en sens inverse, revenir au village de Thorame-Basse (alt. 1 162 m).

— **De la chapelle Saint-Jean-de-Piègut : 10 mn.**

— **Total de la randonnée : 1 h 00.**

A NE PAS MANQUER D'ALLER VISITER

I. Commune de Thorame-Basse

• Chapelle Saint-Thomas : (classée M.H.). Du XIIIe siècle, restaurée au XVIe siècle. Abside du XIIe siècle en appentis. Nef à deux travées et chœur voûté avec fresque de peinture du XIIe siècle.

• Chapelle à Peyresc : (classée M.H.).

II. Commune de Tartonne

• Chapelle Sainte-Anne : (au hameau de Thouron). Petit édifice alpestre.

• Chapelle Notre-Dame-d'Entraigues : (classée M.H.). Du XIIe siècle. Ouverture plein cintre dans une nef du XIIIe siècle à deux travées, en pierres apparentes et berceau brisé. Dans le chœur au-dessus de l'autel : médaillon. Semi-transept à gauche avec chapelle. Clocher-tour très important du XIIe siècle à trois niveaux avec oculus au deuxième niveau et baies au troisième ;

entablement et toit en pointe de diamant à quatre faces avec arcades à la base et arcatures au centre ; pyramidions autour.

III. Commune de Clumanc

• **Chapelle Saint-Honnorat** : (église Notre-Dame, classée M.H.). Style romano-gothique, elle date du XIIIe siècle, agrandie au XVIIe (ancien prieuré de Saint-Victor). Vaisseau puissant, il s'ouvre plein cintre dans un narthex ; grand oculus au-dessus et clocher-mur à deux niveaux avec deux baies au premier niveau et arcature au second. Nef à trois travées, transept et chœur avec voûte en berceau ; colonnes corinthiennes ; tableaux ; buste de Saint-Honnorat ; statues ; chevet plat.

IV. Commune de Moriez

• **Chapelle de Saint-Barthélémy** : (classée M.H.). Clocher-tour avec toit pyramidal de tuiles en écaille vernissées ; deux nefs avec piliers puissants ; autel de la Vierge ; retable de 1640 (classé).

N° 26 – L'ADRET DU ROBION
CHAPELLE SAINT-TROPHIME
CHAPELLE SAINT-THYRS

Parcours parfois pénible compensé par la vue remarquable dès l'arrivée à la chapelle Saint-Trophime. Éviter les heures chaudes de l'été.

Temps du circuit : aller 0 h 45, retour 0 h 30, total 1 h 15

Dénivellation : montée 280 m ; descente 280 m

Kilométrage : 4 km (aller et retour)

Cartographie : carte IGN au 1/25 000e feuille n° 3542 ouest "Castellane"

Description de l'itinéraire

De Castellane, par la petite route CD102 qui remonte les gorges du torrent de Rayaup, gagner le hameau de Robion (alt. 1 082 m). Possibilité de stationnement. Vers le nord-est, emprunter la petite route qui conduit à un crucifix à l'entrée de l'agglomération du Petit Robion (alt. 1 085 m). Derrière ce dernier, prendre un petit chemin à gauche qui s'élève vers le nord-ouest (tracé rouge) jusqu'à une ancienne carrière où se trouve un rucher. La traverser, laisser une trace s'écarter à droite pour s'incliner à l'ouest puis au sud, sur un sol rocailleux, afin de se trouver au bas d'une draille (alt. 1 170 m).

— **Du hameau de Robion : 15 minutes.**

A droite, gravir cette draille très redressée en longeant une pinède jusqu'à un épaulement où la côte s'adoucit temporairement (pins à crochets, buis, genêts…) pour s'accroître de nouveau. Ce n'est plus qu'un petit sentier très raide, par endroit raviné, qui progresse en direction du bas des escarpements du Robion dans une zone plus clairsemée (églantiers, genêts, parsemés de quelques pubescents). Longer la falaise vers le sud-ouest où l'on découvre les ruines d'un ancien ermitage dominées par un pilier rocheux vertical très massif, puis passer sous le grand toit allongé caractéristique situé au milieu de la falaise. Par des marches taillées dans une dépression, gagner la terrasse où se trouve la chapelle Saint-Trophime (alt. 1 362 m).

> **— Du bas de la draille : 30 mn.**

> **— Du hameau de Robion : 0 h 45.**

Curiosité

Encastrée dans l'escarpement du Robion, cette chapelle est en état d'abandon. Il ne reste que les murs avec une ouverture plein cintre à l'est et une baie au sud. Le point de vue vers le sud s'étend fort loin.

> **— Retour par le même itinéraire, en sens inverse : 0 h 30.**

> **— Total de la randonnée : 1 h 15.**

A ne pas manquer d'aller visiter

• *Chapelle Saint-Thyrs : édifice remarquable situé proche du carrefour de la route CD102 et du chemin vicinal conduisant à Robion. De style roman, du XIIe siècle, elle fut remaniée en 1703, restaurée en 1942, ainsi qu'actuellement. C'est d'abord le clocher-tour caractéristique avec ses baies géminées à meneaux qui attire l'attention. Il est accolé à l'édifice des Templiers, qui est lui-même adossé au cimetière ; l'ensemble en pierres apparentes. L'entrée s'effectue par le latéral sud dans la nef voûtée en berceau avec des arcs en tiers-point. Sur le latéral nord et le pignon ouest, modillons sur colonnes avec double cintre d'un style se rapprochant du lombard. Abside du chœur en cul de four avec au centre une mince baie ébrasée à l'intérieur. Sol en partie dallé. A gauche, sas d'accès au clocher. Toit de lauzes recouvert de profilés d'aluminium.*

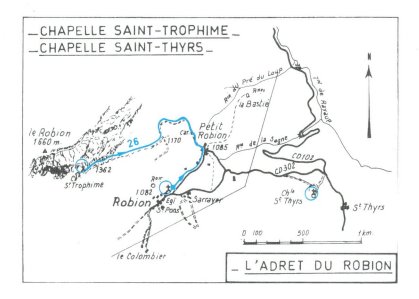

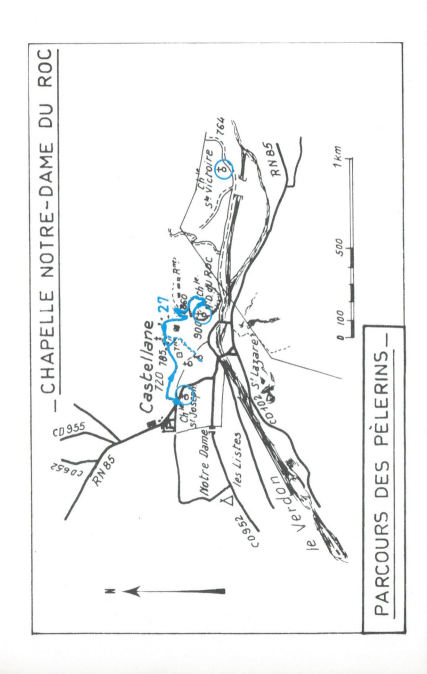

Chapelle Notre-Dame-du-Roc

N° 27 – PARCOURS DES PÈLERINS
CHAPELLE NOTRE-DAME-DU-ROC

Parcours très classique fréquenté par de nombreux touristes. Vue magnifique au sommet.

- **Temps du parcours : aller 0 h 30, retour 0 h 30, total 1 h 00**
- **Dénivellation : montée 180 m ; descente 180 m**
- **Kilométrage : 2,500 km**
- **Cartographie : carte IGN au 1/25 000ᵉ feuille n° 3542 ouest "Castellane"**

Description de l'itinéraire

Dans la ville de Castellane (alt. 720 m), gagner le parking Saint-Michel situé à la sortie nord-ouest de la route RN85 qui se dirige vers le col des Lèques (ancien couvent des Augustins et chapelle Saint-Joseph à l'est). Traverser la route, prendre la première voie vers le nord (fléchage "Chapelle Notre-Dame-du-Roc"), tracé jaune. S'élever par un chemin d'abord revêtu sur environ 30 m puis caladé. Celui-ci s'incline à droite (est) où la progression s'effectue entre une restanque à gauche et un vieux mur souvent ébréché à droite dans un sous-bois d'yeuses. Passer à gauche d'une tour avec frise lombarde au sommet ; le parcours devient plus dégagé. Un sentier aménagé de marches arrive à droite (alt. 785 m), (c'est un itinéraire plus direct qui part depuis l'église).

— **Du parking Saint-Michel : 10 mn.**

Poursuivre vers le nord-est en passant à droite d'une ancienne galerie d'alimentation en eau ; un second sentier plus étroit vient de droite ; rencontrer l'oratoire Saint-Joseph suivi d'un second oratoire. C'est ensuite le début du chemin de croix, caladé, où les stations renferment dans leur niche de magnifiques petites figurines polychromes sculptées. La montée régulière s'incline au sud, puis effectue deux boucles ; passer à droite des ruines d'un muret proche d'un chaos de rochers, puis atteindre un épaulement (alt. 860 m).

— **De la bifurcation alt. 785 m : 10 mn.**

Suivre un palier vers l'est d'où l'on domine les ruines d'une ancienne bourgade, et c'est de nouveau une succession de lacets qui conduisent, plus haut, à la chapelle Notre-Dame-du-Roc (alt. 900 m).

— **De l'épaulement alt. 860 m : 10 mn.**

— **De la ville de Castellane : 30 mn.**

Curiosité

Magnifique belvédère où l'on surplombe la vallée du Verdon et la ville de Castellane, où la vue est saisissante sur l'ensemble des montagnes de la région. Autour, la végétation est variée. Cette chapelle fut fondée au IXe siècle et restructurée en 1700. Les murs sont en pierres de taille apparentes avec, sur la façade, une ouverture avec tympan et encadrement en ogive surmontée d'un oculus à quatorze côtés et d'un clocher-mur très épais à arcature, dominé par une grande statue de Notre-Dame. Le côté sud présente un préau ; derrière l'édifice, une grande abside de chœur plus large que la nef. L'intérieur développe une nef à trois travées en berceau brisé et une petite chapelle dans la deuxième travée à gauche. Entre chaque travée, piliers décorés avec chapiteaux représentant des anges ; chœur avec abside en cul de four. Maître-autel avec niche ; tableaux ; ex-voto ; fresques sculptées. Petit oratoire au sud dans un bosquet, et statue décapitée au bord de l'escarpement. Retour par le même chemin, en sens inverse : environ 30 mn.

— **Total du parcours : 1 h 00.**

A NE PAS MANQUER D'ALLER VISITER

I. Commune de Castellane

• *Église Saint-Victor : construite au XIIe siècle, de style romano-gothique, elle est classée Monument historique. Clocher très simple ; à l'intérieur, la voûte de la nef présente de belles croisées d'ogives.*

II. Commune de Soleilhas

• *Chapelle Saint-Barnabé : (à environ 1 km au nord-ouest du col de Saint-Barnabé). Cet édifice en pierres apparentes est de style roman. A l'intérieur, plafond en bâtière avec chevrons apparents ; sol caladé ; abside de chœur en cul de four. Petite ouverture allongée ébrasée à l'intérieur.*

III. Commune de Vergons

• *Chapelle Notre-Dame-de-Valvert : (classée M.H.), c'est un ancien prieuré ayant appartenu à l'abbaye de Lérins jusqu'en 1245 ; remaniée en 1659. A l'extérieur, elle présente trois absides ; l'abside centrale est pourvue de trois contreforts et possède une ouverture en croix grecque. Clocher-mur sur le pignon ouest. L'entrée s'effectue par le cimetière, dans le flanc sud de l'édifice, par une ouverture à voussures d'arcs plein cintre avec corniche et modillon. On pénètre dans la nef à trois travées. L'intérieur est en pierres apparentes et le sol dallé. Cuve baptismale et bénitier creusés dans la masse ; petite chapelle à gauche dans la deuxième travée de la nef ; voûte en berceau légèrement brisée sur pilastre à imposte et moulure en quart de rond. Entre chaque travées, arc doubleaux ; entre la nef et le transept, barreaudage en bois. Le transept donne accès aux deux chapelles latérales en cul-de-four avec voûte en berceau brisé. Le chœur* comprend un autel avec colonne en marbre de chaque côté supportant un fronton curviligne brisé. Dans les absides, petites baies allongées, ébrasées à l'intérieur.

IV. Commune de Senez

• Église Notre-Dame-de-l'Assomption : (classée M.H.). Ancienne cathédrale de style roman du XIIe siècle, restaurée au XVIe, reconstruite XIXe ; grande nef ; chœur avec stalles du XVIe siècle ; autel et deux retables du XVIIe ; décors de festons et bandes lombardes.

• Chapelle Notre-Dame-des-Clots : (au sommet de la colline). En pierres apparentes ; grand porche en arc brisé ; ouverture plein cintre et tympan ; abside trois pans ; nef à deux travées ; clocher-tour. Procession le 15 août.

N° 28 – VALLÉE DU RAVIN SAINT-JEAN

CHAPELLE SAINT-JEAN-DU-DÉSERT

Parcours classique à caractère sauvage. Traversée de belles forêts, avec une végétation variée.

Temps de la randonnée : aller 1 h 45, retour 1 h 15, total 3 h 00

Dénivellation : montée 530 m ; descente 530 m

Kilométrage : 9 km (aller et retour)

Cartographie : carte IGN au 1/25 000e feuille n° 3541 est "Annot-Entrevaux"

Description de l'itinéraire

A mi-parcours entre les hameaux de Rouaine et des Scaffarels se trouve le pont Saint-Joseph qui enjambe le torrent de Galange (alt. 753 m), (stationnement possible dans les encorbellements à proximité).

A l'aval du pont Saint-Joseph, emprunter un chemin cimenté vers le sud-est qui monte fortement sous de hauts escarpements pour s'incliner rapidement à l'est (tracé jaune et rouge). C'est maintenant sur un sol de pierraille que l'on progresse en balcon au-dessus du ravin Saint-Jean au milieu de buis et de chênes pubescents ; après deux lacets, se rapprocher de la base des falaises et arriver à une bifurcation (alt. 912 m).

— **Du pont Saint-Joseph : 25 mn.**

Abandonner le bon chemin qui descend à droite vers le hameau de Jaussiers, pour prendre à gauche, dans la chênaie, un magnifique petit sentier très agréable où l'on a une belle vue sur le hameau dont certaines constructions ont été restaurées.

Curiosité

Ne subsiste de la chapelle située devant le hameau que les murs d'enceinte, donc la façade avec son ouverture plein cintre et l'encadrement de l'oculus.

Le parcours devient plus clairsemé ; passer à droite d'un petit oratoire, et après une courte descente, pénétrer dans un dense sous-bois de noyers, de fougères et de peupliers qui précède la chapelle en ruines du vieux hameau d'Ourgès

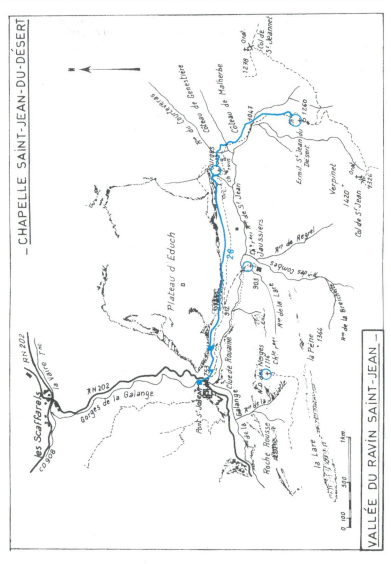

(alt. 1 012 m).
— **De la bifurcation alt. 912 m : 30 mn.**

Curiosité

Comme pour celle de Jaussiers, il ne reste que les murs d'enceinte, avec sur la façade une ouverture avec cintre surbaissé et baies de part et d'autre. Au-dessus, oculus et clocher-plat à arcature. A l'intérieur, contre le chevet, niches de chaque côté de la table d'office. Devant, construction en bon état ; à droite, cimetière, et plus loin, de nombreuses ruines éparses.

Vers l'est, traverser une prairie en pente parsemée de noyers, tilleuls et peupliers, en direction de vestiges où l'on caracole au milieu des ruines passant sous un soupirail (attention aux orties), puis se trouver au-dessus d'un ruisseau sur un sol de glaise grise (l'attention demeure pour ne pas glisser) ; le traverser à l'amont d'un petit bief, puis contourner le coteau de Genestière, pour ensuite franchir un second ruisseau environ une centaine de mètres plus loin. Pénétrer dans une pinède en s'élevant vers le sud sur le flanc du coteau de Malherbe en dominant le ravin Saint-Jean. Après un palier, passer au-dessus d'une cascade et longer le cours d'eau jusqu'à un confluent (alt. 1 047 m).

— **Du hameau d'Ourgès : 15 minutes.**

Traverser le confluent et, vers le sud, s'élever dans la pinède entre les deux bras du torrent. C'est d'abord une montée assez faible qui se redresse brutalement dans une zone de rocaille pour ensuite pénétrer de nouveau dans le bois. Après plusieurs lacets, s'incliner au sud-ouest et aboutir sur le promontoire boisé (pins et pubescents) où se trouve l'ermitage Saint-Jean-du-Désert (alt. 1 260 m).

— **Du confluent alt. 1 047 m : 35 mn.**

— **Du pont Saint-Joseph : 1 h 45.**

Curiosité

Chapelle en excellent état qui fait l'objet d'un pèlerinage annuel pour la Saint-Jean, depuis la chapelle Saint-Jean-d'Entrevaux où la statue du saint est portée par ses adorateurs. Au sud du sanctuaire, l'ancien prieuré qui était habité au XIXe siècle.

— **Retour par le même itinéraire, en sens inverse : 1 h 15.**

— **Total de la randonnée : 3 h 00.**

A NE PAS MANQUER D'ALLER VISITER

I. Commune d'Entrevaux

• *Église Notre-Dame :* (inscrite à l'Inventaire des M.H.). Ancienne cathédrale gothique caractérisée par son clocher-tour à deux étages avec baies est crénelé et de style roman. L'entrée s'effectue par un portail sculpté du XVIIe siècle. A l'intérieur, dans le chœur : stalles, retable, boiserie Louis XIV, très beaux ornements sacerdotaux, mobilier magnifique ; orgues de Saint-Eustache de 1717 ; buste en argent de Saint-Jean-Baptiste du XVIIe (classé).

• *Chapelle Saint-Claude :* (au hameau de Bay) ; restaurée ; porche cintré ; baies de chaque côté de l'entrée ; clocher-mur ; plafond voûté ; statues.

II. Commune de Val de Chavagne

• *Chapelle de l'Annonciation :* (hameau de Montblanc). Édifice massif situé sur la crête de la colline au milieu de ruines. Clocher-mur à arcade.

100 / Randonnées vers les chapelles et les cadrans solaires de Haute-Provence

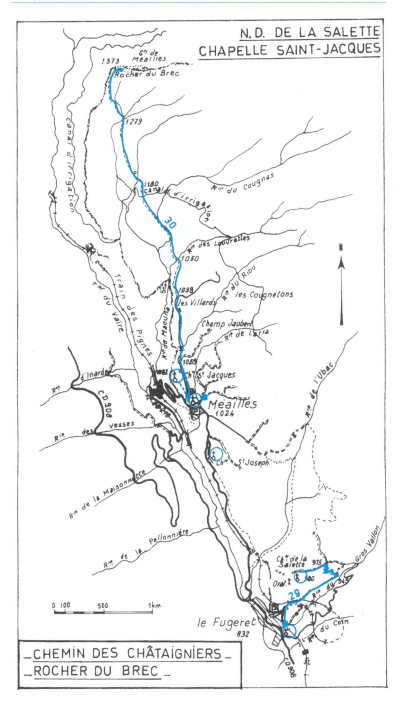

N° 29 – CHEMIN DES CHÂTAIGNIERS
CHAPELLE NOTRE-DAME-DE-LA-SALETTE

Promenade classique dans un cadre agréable. Belle vue du sommet.

Temps de la randonnée : aller 0 h 25, retour 0 h 20, total 0 h 45

Dénivellation : montée 150 m ; descente 150 m

Kilométrage : 3 km (aller et retour)

Cartographie : carte IGN au 1/25 000e feuille n° 3541 ouest "Saint-André-les-Alpes"

Description de l'itinéraire

Au village de Fugeret (alt. 832 m), parking, gîte d'étape.

Longer le côté nord de l'église ; bifurcation avant le pont de la voie ferrée du train des Pignes. Prendre à gauche une petite route qui suit la voie. Au premier coude à gauche (entrée du tunnel), emprunter à droite, vers le nord-est, un petit sentier jalonné en jaune. Passer sur la dalle de couverture d'une cunette puis traverser la voie ferrée après qu'elle ait effectué une arabesque. C'est sur un sol caladé entouré de buis et de chênes pubescents que l'on progresse pour arriver à un petit chemin qui aboutit à un poulailler. A droite, suivre celui-ci revêtu sur les bandes de roulement, et se trouver à une bifurcation (alt. 945 m) en bordure d'un champ.

— Du village de Fugeret : 15 minutes.

Abandonner le chemin pour s'engager à gauche sur un sentier qui longe le champ à droite, puis pénétrer dans un bois en montant en lacets afin d'atteindre une crête, rencontrer un chemin transversal face à une châtaigneraie clôturée (grosses souches), (alt. 975 m). A gauche, vers l'ouest, emprunter ce chemin bordé de fougères, qui suit la châtaigneraie et arrive à la chapelle Notre-Dame-de-la-Salette (alt. 980 m).

— De la bifurcation alt. 945 m : 10 mn.

— Du village de Fugeret : 0 h 25.

Curiosité

Bel édifice bien entretenu surmonté d'un clocher-plat à arcature dont le toit est couvert de pierres plates. A l'intérieur, nef et chœur avec croisées d'ogives ; statue et grand tableau. Autour : buis, tilleuls et pubescents ; devant : oratoire de 1820 à embase chanfreinée.

— Retour par le même itinéraire, en sens inverse : 20 mn.

— Total de la promenade : 0 h 45.

A NE PAS MANQUER D'ALLER VISITER

I. Commune d'Annot

• Chapelle à Vérimande : (site inscrit). Maison des templiers. Grand porche sur colonnes carrées. Clocher-mur à arcature et fleuron ; voûte en berceau avec arc brisé sur colonnes rec-

Notre-Dame-de-La-Salette

tangulaires entre la nef et le chœur ; mobilier, statues, buste reliquaire.
  • Chapelle Notre-Dame : (inscrite à l'Inventaire des M.H. ; au hameau de Vers-la-Ville). Elle date du XIIe siècle.

II. Commune de Castellet-les-Sausses
  • Chapelle Saint-Pierre et Saint-Paul : (inscrits à l'Inventaire des M.H.). Du XIVe siècle. Beau clocher-tour.

N° 30 – ROCHER DU BREC (CARTE P. 100)
CHAPELLE SAINT-JACQUES

Randonnée classique et peu pénible permettant d'offrir un beau point de vue sur la vallée de la Vaïre.

Temps de la randonnée : aller 1 h 15, retour 1 h 00, total 2 h 15

Dénivellation : montée 390 m ; descente 390 m

Kilométrage : 7,500 km

Cartographie : carte IGN au 1/25 000e feuille n° 3541 ouest "Saint-André-les-Alpes"

Description de l'itinéraire

Rejoindre le village haut perché de Méailles (alt. 1 024 m), parking.

Gagner le haut de l'agglomération en passant devant l'église Saint-Jacques.

Curiosité

Cet édifice romano-gothique date du XIVe siècle. Son ouverture, en arc brisé, se trouve sur le flanc sud. A l'intérieur, nef à deux travées, transept et chœur dans l'abside où se trouve un retable du XVIIe siècle classé Monument historique. Son clocher-tour avec baies est surmonté d'un entablement à pyramidions et d'un joli toit en poivrière couvert de tuiles à écailles vernissées.

Au sommet du village, un petit chemin conduit à la chapelle Saint-Jacques en bordure d'escarpement.

Curiosité

Ce petit sanctuaire, totalement restauré, offre de part et d'autre de l'entrée des petites baies grillagées. L'intérieur, voûté en berceau abrite un très bel autel, ainsi qu'un tableau.

Revenir dans le haut du village. Vers le nord, avec un tracé jaune, suivre une petite route ; à une bifurcation (alt. 1 059 m), poursuivre directement sur la voie de gauche par une légère descente où l'on franchit un pont au-dessus d'un bief qui sert de décharge vers le ravin du Maouna. Une petite côte conduit aux dernières constructions du Villard, puis la route esquisse un angle à droite vers l'est (alt. 1 098 m). Un sentier se détache à gauche dans l'angle (fléchage).

— **Du village de Méailles : 20 mn.**

Toujours vers le nord, avec le tracé jaune, emprunter ce petit sentier qui descend le long de l'escarpement dominant le cours du Maouna (buis et chênes pubescents). Peu après, une trace s'écarte à gauche dans la falaise pour conduire à une grotte. Ne pas la suivre, mais continuer avec le jalonnement et arriver au creux du ravin des Louvrettes. Le franchir, puis s'élever sur la rive opposée dénudée, sur des plaques rocheuses marquées par un enchaînement de petits cairns jusqu'à la bordure d'un petit plateau d'où l'on descend de nouveau par un petit chemin, au creux du ravin du Cougnas. Traverser ce dernier et monter à sa gauche (rive droite) sur des dalles puis dans une pinède de pins noirs. La progression est régulière, franchir un petit canal d'irrigation sur un ponceau formé d'une grande plaque rocheuse (alt. 1 180 m).

— **Du lieu-dit Le Villard : 25 mn.**

Passer à gauche d'un cabanon de chasse ; le chemin s'incline légèrement à gauche dans le bois ; se trouver à une bifurcation. Avec le tracé jaune, prendre à droite, ce n'est plus qu'un petit sentier qui se faufile dans un bois très agréable. La côte se redresse, après une courte descente au creux d'un ruisseau (fraises des bois), (alt. 1 279 m), la montée s'accentue pour atteindre le bord de l'escarpement et le sommet du Rocher du Brec (alt. 1 373 m), (borne géodésique).

— **Du petit canal d'irrigation : 30 mn.**

— **Du village de Méailles : 1 h 15.**

Point de vue

Sur le défilé du torrent de la Vaire ainsi que sur le petit hameau de Peyresq accroché au bord du plateau de Courradour.

Hors itinéraire

A gauche du Rocher du Brec, avec le tracé jaune, vous pouvez descendre à la grotte de Méailles. Passer d'abord à gauche d'une petite grotte puis effectuer des lacets avant de traverser à l'est horizontalement au pied de l'escarpement où se trouve une succession de grottes, celles-ci précèdent l'entrée de la grotte de Méailles (environ 15 mn du Rocher du Brec).

— **Retour par le même itinéraire, en sens inverse : 1 h 00.**

— **Total de la randonnée : 2 h 15.**

N° 31 – CIRCUIT DU LAC D'ALLOS
CHAPELLE NOTRE-DAME-DES-MONTS

Petit circuit fabuleux conduisant à l'un des plus beaux sites de la Haute-Provence avec son lac magique et sa petite chapelle très rustique.

Temps du circuit : 2 h 30

Dénivellation : montée 200 m ; descente 200 m

Kilométrage : 8,500 km

Cartographie : carte IGN au 1/25 000ᵉ feuille n° 3540 est "Entraunes-Col de la Cayolle"

Description de l'itinéraire

Du village d'Allos (alt. 1 414 m) emprunter la petite route CD226 qui s'élève en lacets parfois très redressés vers l'est en direction des hameaux du Villard puis au parking du Laus (alt. 2 108 m) situé au lieu-dit Le Verrou. (Maison du Parc national du Mercantour ; aire de pique-nique et bloc toilette). Avec un GR (tracé rouge et blanc), s'engager sur un petit chemin aménagé vers le sud puis l'est ; passer à droite de la maison forestière de l'ONF et gagner le plateau du Laus (alt. 2 127 m) – lac asséché d'un ancien bassin glaciaire – où se trouvent des saules le long du ravin de Mouille. Traverser donc ce plateau vers le nord-est (pins noirs, mélèzes) et s'élever sur le large chemin qui conduit au lac d'Allos d'abord vers le sud-est où l'on passe à droite d'une cascatelle, puis au sud où l'on atteint une bifurcation où un sentier se détache à gauche suivi du GR (alt. 2 168 m).

— **Du parking du Laus : 15 minutes.**

S'engager vers le nord sur ce sentier (direction Mont Pelat – col de la Petite Cayolle) qui monte régulièrement dans un mélézin, en effectuant trois larges boucles, puis domine en balcon le ravin de Méouille avant d'aboutir au Grand Plan de Méouille. Le traverser à gauche sur un sol souple couvert de pâturages offrant une herbe tendre, et arriver à un croisement (alt. 2 259 m).

— **Du chemin classique vers le lac d'Allos : 20 mn.**

Laisser à gauche le sentier (tracés jaune et vert) qui se dirige au nord-est vers le Mont Pelat, ainsi que celui qui fait face suivi par le GR (tracés rouge et blanc) allant rejoindre le col de la Petite Cayolle, pour prendre à droite vers le sud (tracés vert et jaune) le sentier qui traverse le Grand Plan de Méouille à l'orée d'un mélézin. C'est maintenant sur un sol rocailleux dans une zone morainique que l'on

LAC D'ALLOS / 105

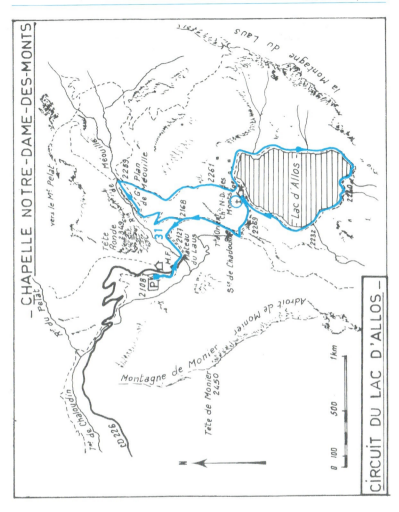

circule d'abord au-dessus d'un enclos puis à travers un mélézin clairsemé ; franchir un épaulement de blocs puis surplomber le lac d'Allos dominé au fond par quatre grandes tours rocheuses : les Tours du Lac. Descendre vers celui-ci par un petit sentier où l'on peut voir près de l'eau de minuscule petits chalets de bois bien sympathiques (fenils et demeures de bergers). Se diriger vers le refuge du lac et au-dessus à la chapelle Notre-Dame-des-Monts (alt. 2 240 m).

— **Du croisement du Grand Plan de Méouille : 25 mn.**

— **Du parking du Laus :1 h 00.**

Curiosité

Ce petit édifice, d'un style très particulier, a été construit en pierre apparentes brutes dont le gisement a été pris sur place. Elle date de 1924 et présente deux très forts pilastres de part et d'autre de l'ouverture, supportant un encadrement en arc surbaissé dominé par un clocher plein cintre avec clé surmonté d'une croix en pierre. A l'intérieur, sol dallé en pierres, autel constitué de blocs rocheux avec au-dessus, à droite, la statue de Notre-Dame-des-Monts. Nombreux ex-voto ; croix processionnaire avec oriflamme ; mobilier.

Rejoindre le refuge ; par un petit sentier à gauche, suivre vers l'est le bord du lac ; contourner de petites criques et s'incliner au sud où au printemps le sol est parsemé de milliers de petites fleurs dont les plus répandues sont les renoncules, myosotis, gentianes, silènes et aussi les arnicas. De temps en temps, traverser de petits névés, restes d'anciennes coulées d'avalanches de l'hiver, puis s'orienter sud-ouest et à l'ouest au-dessus d'une petite plage. Traverser le ravin de la Source, belle vue sur le Mont Pelat et le Trou de l'Aigle, et vers le nord, revenir sur un sol parfois rocheux afin de retrouver le refuge du lac. Croix de bois au bord de l'eau (plan d'eau moyen, alt. 2 230 m ; fond du lac, alt. 2 181 m).

— **Tour du Lac : 1 h 00.**

Par un bon chemin, vers le sud-ouest puis l'ouest, s'élever vers une selle (alt. 2 269 m). Descendre au nord en effectuant un crochet à l'ouest où un sentier s'écarte à gauche vers le col de l'Encombrette (tracés jaune et rouge). Ne pas le suivre, mais continuer par le chemin jalonné de nombreux pupitres éducatifs qui schématisent l'écosystème dont l'un, situé au-dessus de la source de Chadoulin, sert de table d'orientation. Plus bas, c'est la jonction avec le sentier du Mont Pelat emprunté au début du parcours. Par le trajet effectué au départ, en sens inverse, se diriger au plateau du Laus et regagner le parking du Laus (alt. 2 108 m).

— **Du lac d'Allos : 30 mn.**

— **Total de la randonnée avec le tour du lac : 2 h 30.**

A NE PAS MANQUER D'ALLER VISITER

I. Commune d'Allos

• Chapelle Notre-Dame-de-Valvert : (classée M.H.). Du XIIIe siècle en style roman provençal, elle présente une abside massive avec frises lombardes et un toit semi-conique en bardeaux. En pierres apparentes ; clocher-mur au-dessus du chevet ; ouverture plein cintre à archivolte avec trois voussures sur deux colonnes à chapiteaux très curieux ; fronton triangulaire sous le faîte ; nef à trois travées ; baies à voussures ; autel latéral de 1651 ; très beau retable.

• Chapelle Notre-Dame-de-Lumière : (ou de la Visitation ; à la Baumelles). Tympan en bois sculpté ; clocher-mur à double baies ; maître-autel avec un très beau tableau décoré ; sol en parquet.

• Chapelle Saint-Jacques : (au hameau des Gouinards). Petit édifice au toit en bardeaux ; clocher sur le pignon de la façade en forme d'échauguette carrée avec baies rectangulaires et toit en pyramide ; tympan sculpté ; voûte en berceau ; magnifique autel en bois sculpté sur un appendium ; sol carrelé.

• Chapelle Sainte-Madeleine : (au hameau du Seignus-haut). Couverte en bardeaux ; clocher en structure bois avec chapeau fermé latéralement.

II. Commune de Colmars-les-Alpes

• Chapelle Saint-Joseph : de 1645, elle est située à l'entrée nord (porte de Savoie) de l'enceinte fortifiée de Colmars. Ouverture latérale au milieu du bas-côté sud ; clocher central de structure bois ; nef à deux travées ; retable du XVIIe siècle (classé).

• Chapelle Saint-Martin : (église de Colmars) du XVIIe siècle de style gothique ; ouverture sur le flanc nord par une porte de style gothique du XVIe siècle ; chœur en cul de four à croisées d'ogives ; bas-côtés sud avec trois chapelles et une chapelle contre le mur latéral nord ; nef à quatre travées ; maître-autel à lanterneau ; retable du rosaire (classé) ; tableau ; beaux fonts baptismaux ; sol de carreaux en terre cuite ; toit en bardeaux. Chapelle Notre-Dame-des-Grâces adossée.

N° 32 – CIRCUIT DU BOUCHIER

CHAPELLE SAINT-PIERRE
CHAPELLE SAINT-ANTOINE

Magnifique parcours sans difficultés, varié, la vue est très souvent dégagée.

Temps du circuit : 2 h 30

Dénivellation : montée 320 m ; descente 320 m

Kilométrage : 10,500 km

Cartographie : carte IGN au 1/25 000e feuille n° 3540 ouest "Allos"

Description de l'itinéraire

Au village d'Allos (alt. 1 414 m) par la route CD908, se porter au nord de l'agglomération, s'incliner à gauche (ouest), franchir le torrent du Bouchier sur un pont qui l'enjambe et arriver à une bifurcation (alt. 1 438 m). Petite chapelle abandonnée à l'angle de la bifurcation.

— **Du centre du village : 10 mn.**

Prendre la petite route à droite (fléchage Les Colettes - Bouchier). Celle-ci longe le torrent à gauche (R.D.) et rejoint les résidences du lieu-dit Le Pont où l'on franchit, sur un pont, le ravin de l'Ubac (alt. 1 470 m).

— **De la route CD908 : 10 mn.**

Traverser la zone urbanisée (fin du revêtement) ; c'est par un large chemin carrossable que l'on progresse en lacets vers le nord. Au quatrième lacet, se situe sur la proue de la colline la petite chapelle Saint-Pierre (alt. 1 550 m), (arrivée d'un GR).

— **Du lieu-dit Le Pont : 10 mn.**

Curiosité

Petit édifice au toit en bardeaux avec un clocher en structure de bois couvert ; sur la façade, une large ouverture avec porte à deux vantaux. A l'intérieur, plafond en bois, mobilier et triptyque du XVIIe siècle.

Continuer à monter, passer au-dessus et à droite des ruines de Banivol (alt. 1 556 m) au niveau d'un lacet et se trouver plus loin à une bifurcation (alt. 1 565 m).

— **De la chapelle Saint-Pierre : 5 mn.**

Laisser à gauche le chemin qui se dirige aux hameaux des Colettes, pour

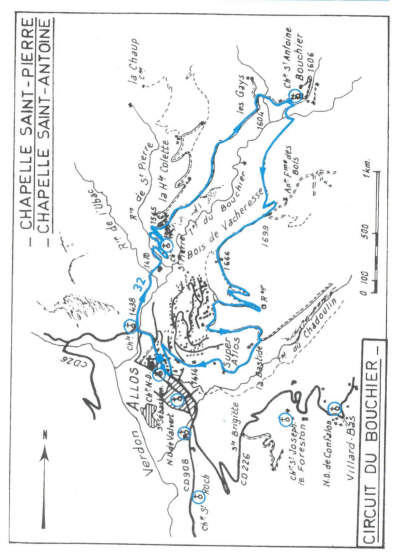

prendre celui de droite, vers le nord-est, dont la côte est à peine marquée. La progression entre érables, frênes, hêtres, charmes et quelques aulnes, est régulière ; puis, c'est une légère pente en vue du hameau du Bouchier. Passer à droite de l'oratoire Saint-Bruno, et, après un coude, se trouver à une bifurcation (alt. 1 604 m). Laisser, à gauche, le chemin qui monte aux Gays, pour continuer à droite en franchissant le ravin de Chancelaye sur un seuil busé, puis gagner les constructions du hameau du Bouchier ainsi que la chapelle Saint-Antoine (pruniers sauvages dans les prairies) après avoir laissé un chemin à droite (alt. 1 606 m).

— De la bifurcation alt. 1 565 m : 30 mn.

Curiosité

Hameau entretenu mais peu habité. La chapelle Saint-Antoine est mitoyenne à une construction. Elle s'ouvre par un arc plein cintre avec encadrement rectangulaire à entablement ; tympan au-dessus de la porte décorée ; clocher-mur au-dessus. A l'intérieur, meubles, tableau, statue du XVIIe siècle, ainsi qu'un plateau d'étain.

Revenir sur environ 150 m et prendre le chemin à gauche qui descend vers le cimetière précédé par un pont de bois où coule le ravin de Sausse. Entre le cimetière et le ravin, une trace dans l'herbe conduit à un petit poste électrique, puis franchit à gauche le torrent du Bouchier sur un second petit pont de bois. C'est maintenant un petit sentier qui s'élève d'abord à gauche vers l'est puis très rapidement au sud-ouest à travers un mélézin assez dense, particulièrement agréable. Le sentier s'élargit pour devenir chemin ; la côte est à peine marquée et le bois plus clairsemé. Passer sous une L.E. à B.T. et suivre une clôture à gauche sous la très belle ferme des Bois. Effectuer deux lacets et aboutir à une piste (carrefour), (alt. 1 699 m), fléchage.

— Du hameau du Bouchier : 30 mn.

A droite, vers le sud-ouest, emprunter cette piste (tracé vert et jaune) par une pente régulière jusqu'à une barrière (panneau du parc - signalisation), (alt. 1 666 m), lieu-dit Vacheresse.

— De l'accès à la piste : 10 mn.

Par un chemin de terre carrossable, descendre vers le sud en suivant les méandres du parcours. Passer à droite d'un réservoir, puis à gauche des fermes du Super Allos et rencontrer un chemin revêtu. A droite regagner le village d'Allos (alt. 1 414 m).

— De la barrière du parc : 45 mn.

— Total du circuit : 2 h 30.

N° 33A – PARCOURS MONTAGNE
CIRCUIT PIC DE BERNARDEZ ET PIC DE SAVERNES

CHAPELLES AUTOUR DE SEYNES-LES-ALPES

Très beau parcours varié classique pouvant être effectué de mai à fin octobre. Éviter les jours d'orage et de brouillard.

Temps du circuit : 4 h 00

Dénivellation : montée 1 020 m ; descente 1 020 m

Kilométrage : 14,500 km

Cartographie : carte IGN au 1/25 000e feuille n° 3439 est "Seynes"

Description de l'itinéraire

De Seynes-les-Alpes, emprunter la route CD207 jusqu'au carrefour de la Porte (croix), puis à droite la route CD607 qui rejoint le hameau de Saint-Pons. Suivre ensuite une petite route de campagne qui traverse le lieu-dit Les Silves et, à une bifurcation, prendre à droite la route forestière de la Série jusqu'au carrefour de la Maison forestière de Bellevue (alt. 1 600 m), (parking dans un cadre magnifique). Avec le GR6 et un tracé jaune, parcourir la route à l'amont sur environ

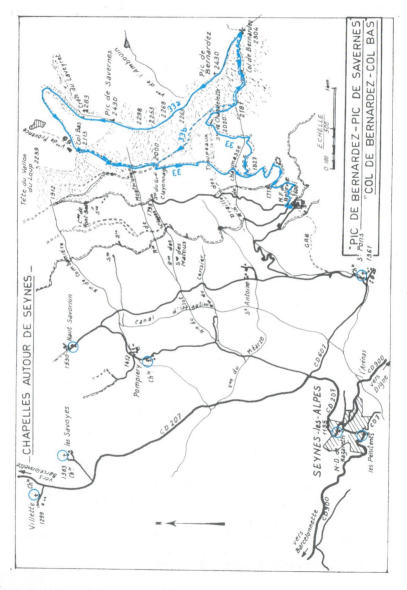

50 m et, avec les tracés (fléchage), se diriger à droite par un petit sentier vers l'est qui monte régulièrement dans un très joli bois varié (pins à crochets, mélèzes, épicéas, érables... où le sol est parsemé d'ancolies, de myosotis, d'anémones, de fraisiers...). Ainsi, on aboutit à la piste de la Chaumasse (alt. 1 718 m).

— **Du parking de la Maison forestière de Bellevue : 20 mn.**

Aller à droite vers l'est, après environ 7 mn, gagner une rotonde avec un bosquet au milieu. Se porter à gauche, environ 50 m plus loin, prendre à gauche un petit chemin herbeux, vers le nord-ouest. A une bifurcation (alt. 1 827 m), laisser ce chemin continuer à gauche, avec un tracé jaune, vers le Col Bas, pour s'engager à droite vers le nord puis vers l'est avec le GR et le tracé jaune sur un petit sentier. La côte est régulière sur un sol jonché de renoncules. Effectuer un crochet à gauche, le parcours plus dégagé s'oriente au nord ; franchir le ravin de Chaumasse, puis à flanc de coteau, atteindre la source de Chandelette d'où est issue la draille des Troupeaux (alt. 2 020 m), (bifurcation).

— **De l'accès à la piste de Chaumasse : 50 mn.**

Avec le GR, s'élever à droite sur un sol rocailleux au milieu d'un cirque de montagnes dominé par le Pic de Bernardez ; rejoindre le sentier balcon du Col Bas et se diriger à droite vers le sud-est à travers un pierrier, en épousant les plissements du relief par une montée régulière. Progressivement, s'incliner à l'est, un sentier arrive à gauche (tracé jaune pâle), passer à une borne (alt. 2 181 m). C'est dans une zone très dégagée, par un très petit sentier que l'on atteint le col de Bernardez (alt. 2 304 m).

— **De la source de la Chandelette : 35 mn.**

Quitter le GR qui descend vers le nord pour s'élever à gauche sur un sol rocheux par la crête nord-ouest du Pic de Bernardez (assez exposée) ; s'incliner à l'ouest et atteindre le sommet marqué par une grande croix de bois (alt. 2 430 m).

— **Du col de Bernardez : 15 minutes.**

— **De la Maison forestière de Bellevue : 2 h 00.**

Point de vue

Très étendu sur les massifs des Écrins, de l'Ubaye, du Queyras, du Mercantour et bien sûr, sur la vallée de la Blanche.

Vers le nord-ouest descendre par une crête déchiquetée en bordure d'escarpement dont la pente est très prononcée ; suivre ensuite la crête vers une baisse (alt. 2 263 m) d'où est issu le vallon de l'Ambouin au nord. Après une zone relativement horizontale ponctuée de passages rocheux, franchir un collet (alt. 2 253 m) et s'élever au nord jusqu'au sommet du pic de Savernes (alt. 2 430 m), (balise géodésique).

— **Du Pic de Bernardez : 40 mn.**

Traverser ce sommet vers le nord ; par une pente soutenue, souvent rocheuse, descendre sur le taillant de la crête en s'inclinant au nord-est, laissant à droite la crête du Laveyret. Passer à un épaulement (alt. 2 283 m) et par une zone rocailleuse très accentuée, gagner le bassin du vallon de Provence en s'inclinant à gauche vers le sud-ouest, pour circuler en rive droite du lit, en dominant une succession de petits lacs avant d'arriver au Col Bas (alt. 2 113 m).

— **Du sommet du Pic de Savernes : 30 mn.**

A gauche, vers le sud, prendre le chemin forestier du Col Bas dont la pente est très modérée. Au départ, traverser un bois puis un vaste pierrier avant d'aboutir à une boucle (alt. 2 000 m), (jonction avec le sentier balcon).

— **Du Col Bas : 15 minutes.**

Prendre le sentier de droite (avec le tracé jaune) qui, au départ, effectue un crochet au nord-ouest pour venir ensuite au sud à travers le bois de la forêt de la Blanche. Sa pente est généralement régulière ; de temps en temps, traverser des ravinements d'éboulis et aboutir à la bifurcation citée au départ où arrive à gauche le GR6 (alt. 1 827 m). Avec le parcours emprunté à la montée, en sens inverse, regagner la Maison forestière de Bellevue (alt. 1 600 m).

— **Du chemin forestier du Col Bas : 35 mn.**

— **Total du circuit : 4 h 00.**

N° 33B – PARCOURS RANDONNÉE
CIRCUIT COL DE BERNARDEZ ET COL BAS

CHAPELLES DE POMPIÈRY, DE SAVOYES, DE SAINTE-MARTHE

Parcours randonneurs classique et varié. Belles vues depuis les cols. Éviter les périodes d'intempéries.

Temps du circuit : 3 h 30

Dénivellation : montée 830 m ; descente 830 m

Kilométrage : 12,500 km

Cartographie : carte IGN au 1/25 000e feuille n° 3439 est "Seynes"

Description de l'itinéraire

Comme pour le parcours *Montagne*, rejoindre le parking de la Maison forestière de Bellevue (alt. 1 600 m), puis monter au col de Bernardez (alt. 2 304 m).

— **De la Maison forestière de Bellevue : 1 h 45.**

Revenir au sentier Balcon du Col Bas (alt. 2 181 m).

— **Du col de Bernardez : 10 mn.**

Abandonner l'itinéraire emprunté à la montée pour suivre le balcon vers le nord-ouest, dans un cirque de moraine. Celui-ci offre une vue dégagée (bribes d'un tracé jaune pâle) ; passer au-dessus d'escarpements, puis franchir une succession de ravinements pour aboutir à la boucle (alt. 2 000 m) du chemin forestier du Col Bas.

— **De l'accès au sentier en balcon : 30 mn.**

A droite, vers l'amont, une montée régulière au nord conduit au Col Bas (alt. 2 113 m).

— De l'accès au chemin forestier : 20 mn.

— Du col de Bernardez : 1 h 00.

Avec l'itinéraire du parcours *Montagne* n° 33a, revenir à la Maison forestière de Bellevue (alt. 1 600 m).

— Du Col Bas : 50 mn.

— Total du circuit : 3 h 30.

A NE PAS MANQUER D'ALLER VISITER

• *Chapelle de Pompièry* : portail rectangulaire avec tympan nu et colonnes avec chapiteaux à végétaux. Derrière le chœur, abside à pans coupés. Intérieur, voûte en berceau ; chœur en arc brisé ; nef à deux travées et transept ; baies en tiers-point ; au-dessus de l'abside, toit en croupe à cinq pans. Clocher-tour indépendant au sud, avec arcades et toit pyramidal à quatre faces couvertes de tuiles métalliques.

• *Chapelle aux Savoyes* : magnifique petit édifice avec sur la porte une étoile à huit branches ; clocher-plat. A l'intérieur, voûte en berceau brisé ; bénitier creusé.

• *Chapelle Sainte-Marthe* : (au Haut-Chardavon). Grand clocher-plat latéral. Portal roman ; toit avec tuiles en écailles ; maître-autel du XVIIe siècle en noyer blanc sculpté.

• *Église Notre-Dame-de-Nazareth* : (à Seynes-les-Alpes, classée M.H. ; pour mémoire). De style roman, elle date du XIIe siècle. En pierres apparentes, elle se caractérise par ses immenses fonts baptismaux. Clocher reconstruit au XVIIIe siècle.

N° 34 – PARCOURS DES GRANGEASSES

CHAPELLE DE LA SALETTE
CHAPELLES AUTOUR DE SELONNET
ET SAINT-VINCENT-LES-FORTS

Itinéraire classique dans un très joli bois qui conduit à un site très agréable et historique.

Temps du parcours : 1 h 00

Dénivellation : montée 200 m ; descente 200 m

Kilométrage : 2 km

Cartographie : carte IGN au 1/25 000e feuille n° 3439 est "Seynes"

Description de l'itinéraire

Rejoindre le carrefour des routes CD900 et CD307 dans la commune de Montclar. Parking en face le carrefour (alt. 1 197 m).

A l'ouest du carrefour, par un large sentier (fléchage), s'élever sur un sol rocailleux puis entrer dans un bois qui devient rapidement très compact (pins, hêtres…). Progresser en lacets, franchir une clôture à bétail et arriver à un alpage ; le longer à droite et, par un chemin, s'enfoncer dans le bois et effectuer un lacet pour retrouver plus haut l'alpage. Un sentier à droite conduit à la crête de la colline à environ 50 m au nord de la chapelle de la Salette (alt. 1 381 m).

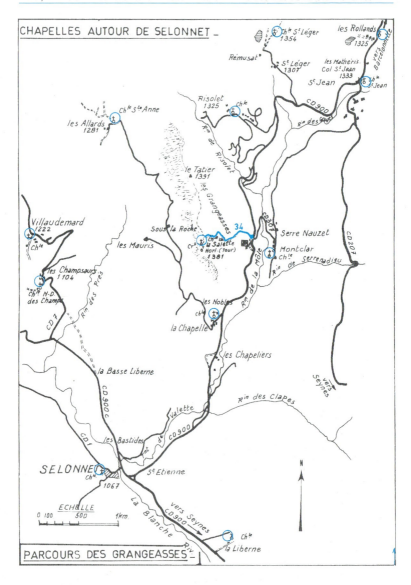

— **Du carrefour des routes CD900 et CD307 : 30 mn.**

Curiosité

Cette chapelle s'ouvre au sud par un portail cintré avec tympan qui comprend cinq remplages de trilobes. A l'intérieur, autel avec tableau. Chevet plat et clocher-tour à droite. Celui-ci possède une arcade au sud, l'autre au nord, et une arcature à l'est avec un toit pyramidal à quatre pans. Sur le bas-côté droit, baie lancéolée. Devant l'édifice, croix de bois et tour de l'horloge surmontée d'un clocher à lanterneau en bois avec un toit pyramidal à quatre pans.

Horloge de la Salette

Retour par le même itinéraire en sens inverse.
— **De la chapelle de la Salette : 30 mn.**

— **Total de la randonnée : 1 h 00.**

A NE PAS MANQUER D'ALLER VISITER

I. Commune de Selonnet

• *Chapelle Notre-Dame-des-Champs* : (au hameau des Champsaurs). Petit édifice sur le coteau de la colline s'ouvrant à l'ouest par un arc plein cintre avec tympan ; toit en bâtière à écailles ; clocher de bois en lanterneau.

II. Commune de Montclar

• *Chapelle Saint-Léger* : située à l'orée de la forêt près de la ferme de Rémusat. Un petit chemin jalonné en jaune y conduit. En pierres apparentes, elle s'ouvre en ogive dominé par un oculus rectangulaire et un clocher-plat à arc en tiers point. Toit en bâtière recouvert de lauzes ; chevet-plat ; baie lancéolée sur son bas-côté sud. Intérieur meublé.

III. Commune Saint-Vincent-du-Fort

• *Chapelle aux Rollands* : ouverture cintrée avec tympan en bois au-dessus de la porte ornée de deux rangées d'ogives trilobées ; oculus carré infléchi aux angles ; clocher à lanterneau en bois au-dessus de la façade avec ouvertures en arc trilobé et toit pyramidal à huit pans. Toit en bâtière très prononcé couvert de bardeaux ; chevet plat. A l'intérieur, nef et chœur avec croisées d'ogives, mobilier, tableaux, autel en noyer blanc.

• *Église Saint-Vincent* : (à Saint-Vincent-du-Fort ; pour mémoire). Du XVIe siècle, elle se caractérise par une ouverture en plein cintre sur son flanc sud entourée d'une grande arche cintrée. A droite, clocher-tour gothique à horloge sur trois étages avec arcades au troisième niveau sur chaque faces surmontées d'un entablement à pyramidions aux angles et d'un toit flèche à huit faces percé de quatre gâbles au bas et de quatre autres plus petits au-dessus. Sur la façade, quatre crosses ; toit en bâtière en tôle. A l'intérieur, maître-autel en bois doré.

IV. Commune de la Bréole

• *Église Saint-Pierre* : date de 1581, elle se caractérise par son beau clocher-tour néogothique à quatre niveaux, avec au troisième niveau un œil de bœuf à l'est et à l'ouest et au quatrième niveau des doubles baies lancéolées sur chapiteau. Au-dessus, frise en pointe de diamant puis entablement avec pyramidions aux angles ; toit flèche à huit faces se terminant par un pyramidion ; gâble à l'est et à l'ouest ; au sud, horloge surmontée d'un pyramidion ; petites baies au-dessus. Toit en ardoises ; ouverture plein cintre sur la façade ouest avec auvent et sur le bas côté sud. A l'intérieur, très beau tableau de la Sainte Famille.

N° 35 – CIRCUIT DU MORGONNET

CHAPELLE SAINT-JÉRÔME
CHAPELLE A UBAYE

Circuit classique pouvant être effectué en toutes saisons. Ne présente aucune difficulté. Belle vue depuis la crête de Coquille ; source agréable au col du Morgonnet.

Temps du circuit : 2 h 00

Dénivellation : montée 320 m ; descente 320 m

Kilométrage : 8 km

Cartographie : carte IGN au 1/25 000ᵉ feuille n° 3438 ET – TOP25 "Embruns-Les Orres-Serre Ponçon"

Description de l'itinéraire

Par une petite route très sinueuse, gagner le col de Pontis (alt. 1 301 m), stationnement possible. Au cours de la montée par le versant sud, au hameau de l'Adroit des Pontis, se trouve une petite chapelle.

Curiosité

Se porter au nord-est du hameau où l'on rencontre ce magnifique petit édifice qui pointe un très beau clocher-tour en poivrière. Construite au XIXᵉ siècle.

Du col de Pontis (croix en bois), à droite vers l'est, s'élever sur un petite route pendant environ 150 m où l'on atteint une bifurcation. Prendre de nouveau à droite, vers le sud-est, dans une pinède (fin du chemin revêtu). Laisser un petit chemin se détacher à gauche et plus loin un autre à droite (alt. 1 345 m) puis s'incliner à l'est et au nord afin de se trouver à une bifurcation de pistes (alt. 1 378 m). Emprunter celle de gauche qui monte régulièrement vers l'est. Un petit chemin s'écarte à gauche (alt. 1 438 m).

Hors itinéraire

Emprunter ce dernier par une côte assez prononcée ; environ 150 m plus loin, on est dominé par les ruines de la chapelle Saint-Pierre (alt. 1 470 m).

Poursuivre vers l'est, la piste citée plus haut arrive à droite après avoir traversé la bourgade des Hugues ; rejoindre plus loin un panneau de l'ONF (stationnement possible malgré la défectuosité de la piste d'accès), (alt. 1 476 m).

— **Du col de Pontis : 30 mn.**

Avec un tracé jaune (fléchage), par un sentier vers l'ouest, progresser dans une zone de schistes, d'ardoises afin de gagner la crête de Coquille (alt. 1 498 m), croisement (fléchage). Avec le sentier, prendre à droite vers l'est en suivant la crête jusqu'à une bifurcation sur un épaulement (alt. 1 585 m). Laisser le chemin de gauche et continuer vers l'est sur le flanc nord du Morgonnet. Passer à gauche de la cabane du Jas (ruines), (alt. 1 615 m) et gagner le grand carrefour au-dessus

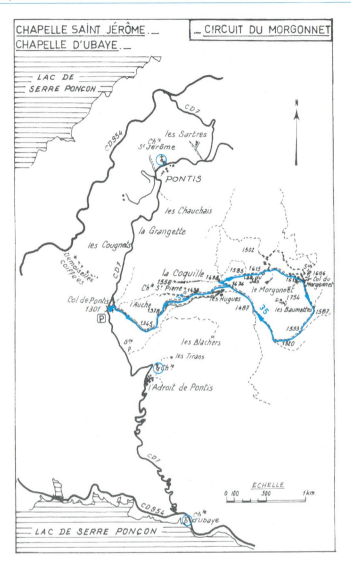

du col du Morgonnet (alt. 1 619 m), fléchage, prairies magnifiques, source au col du Morgonnet (alt. 1 606 m).

— **De la bourgade des Hugues : 30 mn.**

Laisser à droite une draille qui monte vers le sommet du Morgonnet, ainsi qu'à gauche un grand chemin et un petit chemin d'où arrivent les tracés rouge et jaune du Tour du Lac de Serre Ponçon. S'engager en face au sud-est sur le large chemin jalonné des tracés rouge et jaune ; longeant à gauche la prairie et à droite un bois de mélèze. A la bifurcation dite des Baumettes (alt. 1 587 m) s'incliner à droite au sud-ouest et descendre régulièrement. La piste s'incline à l'ouest laissant un premier chemin à gauche (alt. 1 553 m) puis un second à l'alt. 1 520 m, ensuite s'orienter au nord-ouest où s'écarte un troisième chemin à l'alt. 1 487 m emprunté par les traces rouge et jaune. Continuer par la bonne piste et retrouver le panneau de l'ONF des Hugues (alt. 1 476 m).

— **Du col du Morgonnet : 30 mn.**

Avec la piste de l'itinéraire empruntée au départ, en sens inverse, revenir au col de Pontis (alt. 1 301 m).

— **De la bourgade des Hugues : 30 mn.**

— **Total du circuit : 2 h 00.**

A NE PAS MANQUER D'ALLER VISITER

I. Commune de Pontis
• Chapelle Saint-Jérôme : (église de Pontis). Date du XIXe siècle. Ouverture plein cintre avec entablement sur colonnes latérales à chapiteaux. Clocher-tour à arcatures avec pyramidions sur entablement et toit pyramidal à huit faces percé d'une petite baie.

II. Hameau du Lauzet-Ubaye
• Chapelle d'Ubaye : de style moderne, elle s'ouvre par une grande baie sous un porche. Abside à l'arrière ; à sa gauche, sur un voile se trouve au sommet la structure d'un clocher en bois.

N° 36 – CIRCUIT DES EAUX TORTES

ANCIENNE ABBAYE CHALAISIENNE DE LAVERQ

Circuit classique dans un cadre botanique très varié. Le site est très beau et la vue remarquable.

Temps du circuit : 5 h 15

Dénivellation : montée 750 m ; descente 750 m

Kilométrage : 17 km

Cartographie : carte IGN au 1/25 000e feuille n° 3539 ouest "Barcelonnette-Pra Loup"

Description de l'itinéraire

Du hameau de Martinet, par une sympathique petite route d'abord revêtue jusqu'au hameau des Clarions, puis en terre battue, gagner le hameau de Laverq (après orages, pierres et gués parfois ravinés). Gîte d'étape (alt. 1 580 m).

Curiosité

De l'ancienne chapelle de l'abbaye de Laverq, il ne reste que le chevet avec une niche. Fondée en 1135, cette abbaye chalaisienne fut rattachée à celle du Boscodon en 1142. Détruite pendant les guerres de religions, elle s'effondra définitivement dans la première moitié du XXe siècle. Plus à l'est, chapelle Saint-Antoine où l'on accède par un narthex ; nef à deux travées avec croi-

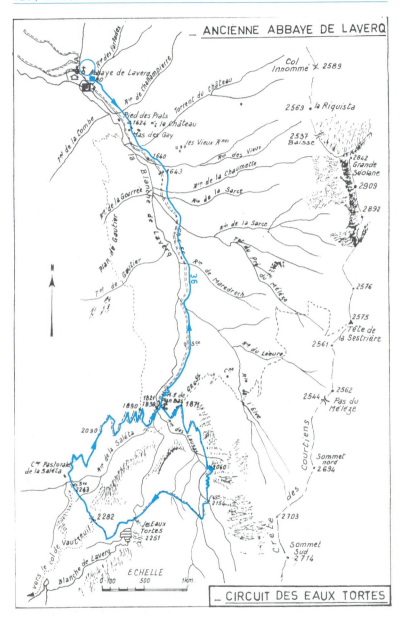

sées d'ogives ; chœur voûté en section de sphère peint en bleu avec croisées d'ogives et cintres de chaque côtés ; maître-autel ; statues ; oriflamme ; tableau ; deux petites chapelles ; toit en bardeaux. A sa droite, clocher-tour (en restauration) avec entablement et toit pyramidal à huit faces et quatre gâbles.

Du hameau de Laverq, avec les GR6 et 56, continuer par la piste de terre vers le sud-est (parking à droite), en traversant une pinède puis une zone dénudée à gauche (R.D.) du torrent de la Blanche de Laverq, sous la crête de la Riquista entre la Petite et la Grande Séolane. Passer à gauche d'une croix et franchir le ravin de Chanampierre afin d'arriver aux constructions du Pied des Prats à gauche (alt. 1 624 m).

— **De l'abbaye de Laverq : 15 minutes.**

Poursuivre par la piste en traversant la zone rocailleuse du torrent du Château et du ravin des Vieux jusqu'à une barrière forestière (alt. 1 643 m), parking possible.

— **Du Pied des Prats : 15 minutes.**

Ce n'est plus qu'un chemin, sous la masse rocheuse de la Grande Séolane, qui progresse au sud, accompagné des tracés des GR et d'un tracé bleu (fléchage) franchissant de nombreux ravinements, tels ceux de la Chaumette, de la Sarce, du Pré du Mélèze, du Maredrech, de l'Elve puis arriver à une zone boisée (pins, épicéas). Passer à gauche d'une source, sous la Tête de Sestrière (aire de pique-nique), et après une montée plus prononcée pénétrer dans la forêt domaniale de Laverq (réserve biologique) où le chemin enchaîne quelques lacets avant d'atteindre une bifurcation où le tracé bleu se dédouble (alt. 1 821 m). Laisser le sentier de droite (qui sera emprunté au retour, en sens inverse), pour rejoindre à gauche la Maison forestière de Plan-Bas (alt. 1 839 m)

— **De la barrière forestière : 1 h 00.**

Avec le GR et le tracé bleu, vers le sud-est, le chemin passe à droite d'une petite construction, puis pénètre dans un mélézin. Ce n'est plus qu'un sentier qui s'incline au nord-est afin de rejoindre une bifurcation à une zone de reboisement (alt. 1 871 m).

— **De la Maison forestière de Plan-Bas : 10 mn.**

Laisser à gauche les GR6 et 56, poursuivre vers le nord-est en direction de la Tête de Sestrière, pour prendre à droite, avec le tracé bleu, le sentier qui monte plus franchement vers le sud, exécutant des boucles puis par une traversée, sortir du bois face à une cascade. Une succession de petits lacets étroits permet d'atteindre les alpages parsemés de mélèzes et ponctués par le cri des marmottes. La côte s'adoucit, le sentier franchit à gué quelques petits torrents et s'incline au nord-ouest, serpentant entre des dalles rocheuses pour passer à une croupe où il s'incline au nord-ouest afin de rejoindre le plateau où se trouve le vaste bassin du lac des Eaux Fortes entouré de tourbe (alt. 2 251 m).

— **De la bifurcation alt. 1 871 m : 1 h 20.**

— **De l'abbaye de Laverq : 3 h 00.**

Contourner le lac par la droite, au nord, dans des rochers et de la pierraille en restant très vigilant quant au tracé du jalonnement bleu. Franchir le torrent issu du lac sur une passerelle qui l'enjambe, et plus loin s'incliner au sud-ouest puis au nord-ouest où une légère montée conduit à une croupe (alt. 2 282 m), bifurcation.

— **Du lac des Eaux Tortes : 15 minutes.**

Point de vue

On est entouré par un magnifique cirque de montagne; de gauche à droite : la Tête de Sestrière, la crête de Courtiens, le sommet des Trois Évêchés, la crête des Barres, la Tête de l'Estrop et le Puy de la Sèche.

Hors itinéraire

A gauche, par une trace parfois mal définie, mais jalonnée, monter au sud-ouest jusqu'au col de Vautreuil d'où la vue est saisissante (alt. 2 582 m), aller et retour : 1 h 30.

Toujours vers le nord-ouest, amorcer une traversée en balcon ; franchir le ravin de la Séléta puis passer plus bas à droite de la cabane pastorale (alt. 2 243 m) avant de s'incliner au nord pour s'engager dans la descente qui comprend de nombreux lacets. Arriver ainsi à une bifurcation (alt. 1 890 m).
— **De la croupe alt. 2 282 m : 40 mn.**

Laisser le sentier à gauche pour continuer à droite vers le sud où l'on se trouve de nouveau à une bifurcation près du ruisseau de la Séléta. Ne pas prendre à droite le sentier qui traverse le cours d'eau, mais à gauche, le suivre en rive gauche ; traverser une clairière, et plus bas, franchir le torrent de la Blanche de Laverq sur une passerelle qui l'enjambe. Peu après retrouver la bifurcation (alt. 1 821 m), ainsi que les GR6 et 56.
— **De la bifurcation alt. 1 890 m : 10 mn.**

Par l'itinéraire emprunté au départ, en sens inverse, revenir à l'Abbaye de Laverq par le chemin qui suit la rive droite du torrent (alt. 1 580 m).
— **De la bifurcation alt. 1 821 m : 1 h 10.**

— **Total de la randonnée : 5 h 15.**

A NE PAS MANQUER D'ALLER VISITER

I. Commune de Méolans-Revel

• *Église Saint-Julien : (à Méolans). Clocher-plat très haut avec deux baies cintrées surmontées d'une troisième. Au sommet de la colline qui domine le village, clocher-tour avec entablement et toit pyramidal à huit faces et quatre gâbles.*

II. Commune des Thuiles

• *Église Saint-Martin : du XIe siècle, ouverture à l'ouest et au sud, cette dernière comprend une archivolte à trois voussures ; tympan au-dessus de la porte ; clocher-tour avec toit de pierre en poivrière ; toit d'ardoise ; beau cadran solaire.*
• *Chapelle aux Guérins : petit édifice avec grande ouverture cintrée à barreaudage ; toit en bardeaux ; baie sous le faîte ; clocher-mur à structure bois recouverte en bâtière. A l'intérieur : mobilier, autel-bloc roman, tableau, croix processionnaire ; plafond en croisées d'ogives sur l'ensemble de l'édifice.*

III. Commune de Saint-Pons

• *Église de Saint-Pons : (classée M.H.). Ancien prieuré remanié. Ouverture sur le flanc sud avec une archivolte à trois voussures et un tympan avec peinture murale du XVe siècle, chapiteaux à visages humains sur quatre colonnettes. Toit en ardoise. Sur la façade, ouverture avec archivolte à cinq voussures et tympan nu ; chapiteaux sur colonnes de marbre rose. On pénètre dans l'édifice par un narthex avec tribune ; baptistère avec fonts et bénitier en marbre ; bas-côtés avec deux petites chapelles à gauche et une à droite ; plafond en berceau avec croisées d'ogives interrompues. Transept à droite avec chapelle et croisées d'ogives à médaillons. Beaux tableaux,* statues, chaire sculptée du XVIIe, chevet à frises lombardes. Magnifique clocher-tour carré à deux étages à triple baies géminées en arc brisé et colonnettes. Entablement au-dessus avec pyramidions aux angles et gargouilles à têtes d'animaux. Toit flèche en pyramide à huit faces avec quatre gâbles, arcature en arcs brisés surmontés de quatre autres petites arcatures ; crosses sur les arêtes avec au sommet un fleuron.

N° 37 – COL DE LA CLOCHE
CHAPELLE SAINT-MÉDARD
CHAPELLES DE LA VALLÉE DU BACHELARD

Circuit classique offrant un très beau belvédère. Parcours agréable.

Temps du circuit : 2 h 45

Dénivellation : montée 650 m ; descente 650 m

Kilométrage : 9 km

Cartographie : carte IGN au 1/25 000e feuilles n° 3539 est "Jausiers" et n° 3539 ouest "Barcelonnette-Pra Loup"

Description de l'itinéraire

De la ville de Barcelonnette, suivre la route CD902 qui conduit au col de la Cayolle jusqu'au petit hameau de Villard d'Abas (alt. 1 538 m), (possibilité de stationnement derrière le nouveau bâtiment de l'Équipement).

Au lacet de la route (fléchage), s'élever vers le nord, à gauche (R.D.) de la Combe de la Barre, par un petit raidillon mal aisé, puis s'écarter à gauche en balcon au-dessus des prairies et des fermes des Chabrons. Passer à gauche d'un oratoire et arriver à une bifurcation (croix de bois et fontaine). À droite, rejoindre la ferme du Serre. Avec un ancien tracé rouge, passer entre la ferme et ses dépendances ; en corniche vers le nord-ouest, gagner une croupe. S'élever vers la gauche en lacets et pénétrer dans la forêt (érables, noisetiers) ; arriver à une petite source à gauche (alt. 1 692 m).

— **Du hameau de Villard d'Abas : 25 mn.**

Poursuivre dans le bois par une nouvelle série de lacets réguliers afin d'aboutir à une bifurcation (alt. 1 969 m).

— **De la source : 25 mn.**

Laisser à droite le sentier qui va rejoindre la bergerie de la Petite Cloche, mais prendre à gauche un sentier exposé au-dessus d'escarpements et de pentes très raides. Après une courte montée, atteindre la chapelle Saint-Médard aux bergeries de la Cloche (alt. 1 990 m).

— **De la bifurcation alt. 1 969 m : 10 mn.**

— **Du hameau du Villard d'Abas : 1 h 00.**

124 / Randonnées vers les chapelles et les cadrans solaires de Haute-Provence

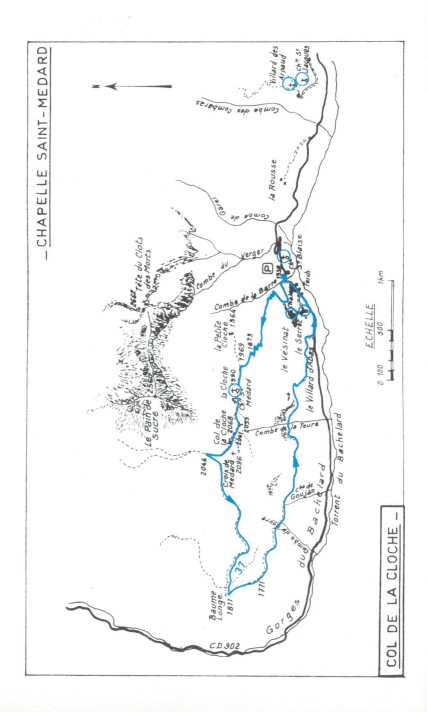

Curiosité

La chapelle Saint-Médard est un petit édifice au toit en bardeaux, avec une ouverture plein cintre à claire-voie ; au-dessus de la façade : clocher-mur à arcature ; à l'intérieur, plafond en berceau surbaissé couvert de lambris, autel confectionné avec des planches. Pèlerinage annuel ; autour, vieilles bergeries.

Deux possibilités se présentent pour le retour

1. Par le même itinéraire

En sens inverse : 45 mn environ (au total : 1 h 45).

2. Vers l'ouest par un circuit

Vers l'ouest, emprunter le petit sentier qui passe entre les bergeries puis il s'élève d'abord faiblement puis d'une façon plus prononcée. Passer à droite d'une croix (alt. 2 053 m) et atteindre une bifurcation (alt. 2 061 m).

Hors itinéraire

A gauche, une côte régulière conduit au sommet d'un mamelon dénudé où se trouve la croix de Saint-Médard (alt. 2 096 m). La vue y est exceptionnelle sur les vallées de l'Ubaye et du Bachelard dominées par la Grande Séolane et le Grand Cheval de Bois. Au nord-est on est surplombé par le Pain de Sucre (ou sommet de la Méa).

A droite, vers le nord-ouest, gagner le col de la Cloche (alt. 2 068 m).

— De la chapelle de Saint-Médard : 15 minutes.

Le sentier descend vers le nord où très vite on se trouve à une bifurcation (alt. 2 046 m). Prendre à gauche vers le sud puis l'ouest en pénétrant dans le Bois Noir. La pente régulière est entrecoupée de paliers ; effectuer des encorbellements et arriver à un croisement. Traverser celui-ci et se diriger à la bergerie de Baume Longe (alt. 1 811 m).

— Du col de la Cloche : 30 mn.

Immédiatement à gauche, vers le sud-est, s'engager sur un petit sentier relativement horizontal jusqu'à une source à gauche. S'élever légèrement en balcon parfois exposé au-dessus des gorges du Bachelard à droite ; franchir les combes du Roure et du Goujan, puis c'est de nouveau une descente régulière avant de gravir une nouvelle petite côte sous un bastion rocheux. Contourner la combe de la Toure, le parcours devient plus aérien dans des rochers qui précèdent une pente mieux définie ; traverser la combe de Fuvaux et rejoindre le hameau de Villard d'Abas au lieu-dit Fuvaux. A gauche, par la route, revenir au parking (alt. 1 538 m).

— De la Baume Longe : 1 h 00.

— De la chapelle Saint-Médard : 1 h 45.

— Total du circuit : 2 h 45.

A NE PAS MANQUER D'ALLER VISITER

I. Commune d'Enchastrayes

- Chapelle Saint-Pierre et Saint-Paul : elle date du XIXe siècle.

II. Commune d'Uvernet

Chapelle Saint-Jean-Baptiste aux Agneliers

• **Chapelle Saint-Jean-Baptiste** : (aux Agneliers). Du XVIe siècle. L'entrée s'effectue sur son flanc sud par un arc plein cintre avec encadrement à inscriptions. Clocher-tour à l'arrière avec grandes arcatures et toit pyramidal à quatre faces, abside. A l'intérieur, nef et chœur avec croisées d'ogives au plafond ; petite chapelle au bas-côté nord.

• **Chapelle Saint-Barthelémy** : (à la Maure). Petit édifice restauré avec un mince clocher-tour au toit en poivrière de plaques d'ardoise. L'entrée est plein cintre avec encadrement et cartouche ; niche à droite. A l'intérieur, nef à trois travées et chœur avec croisées d'ogives. Maître-autel et grand tableau.

III. Commune de Fours

• **Chapelle de Villard d'Abas** : (ancien prieuré). Petite chapelle en propriété privée. Toit couvert en bardeaux, elle présente un clocher en structure bois. Ouverture rectangulaire avec un plein cintre au-dessus.

• **Chapelle Saint-Blaise** : (à Villard d'Abas). Petit édifice au bord de la route couvert en bardeaux. Clocher-mur sur la façade. A l'intérieur, nef et chœur sous voûte en berceau, maître-autel en bois blanc.

• **Chapelle Saint-Laurent** : édifice de 1240 restauré en 1689. L'entrée est plein cintre avec encadrement sur colonnes à chapiteaux simples. A l'arrière, clocher-mur à arcade. On entre par un narthex, nef à quatre travées, faux transept, abside de chœur, voûte en berceau, beau tabernacle tableaux. Croix de bois devant l'édifice ; sur l'abside, toit à double croupe.

• **Chapelle Saint-Louis-des-Bellons** : (à Bayasse). Elle date de 1778, actuellement en restauration. Ouverture en cintre surbaissé. Clocher-mur à deux niveaux avec baie plein cintre sur façade. A l'intérieur, nef à trois travées, chœur voûté à chevet plat ; peintures sur plafond du chœur et de la nef, très décorée.

• **Chapelle Sainte-Anne** : (à Bayasse). Ouverture à claire-voie avec autour inscription en patois et fronton en bois. Sur façade, clocher en structure bois couvert d'un chapeau en tôle avec fleuron. A l'intérieur, plafond voûté en berceau avec fresques sur les côtés et étoile au centre.

N° 38 – CIRCUIT DES MÉTAIRIES
CHAPELLE SAINT-CLÉMENT

Circuit varié traversant de belles forêts tout en conservant un caractère alpestre. Des chapelles jalonnent le parcours.

Temps du circuit : 3 h 45

Dénivellation : montée 685 m ; descente 685 m

Kilométrage : 12,500 km

Cartographie : carte IGN au 1/25 000e feuille n° 3538 ET – TOP 25 "Aiguille du Chambeyron-Col de Larche et de Vars"

Description de l'itinéraire

Au village de la Condamine-Châtelard (alt. 1 286 m), parking.

Emprunter la route CD900 vers le sud – direction de Barcelonnette – sur environ 400 m où l'on se trouve, face au stade, à une bifurcation avec un chemin qui se détache à droite. Prendre donc ce chemin, fléchage le Châtelard (tracé jaune) qui monte vers le sud parallèlement à la route puis s'incline à l'ouest. Effectuer une première boucle à droite suivie d'une seconde à gauche afin d'arriver au hameau du Châtelard (alt. 1 375 m).

— **Du village de la Condamine-Châtelard : 20 mn.**

Curiosité

On atteint ce hameau par l'arrière d'une ancienne chapelle qui présente une abside. Assez vétuste, sur sa façade se trouve une ouverture en arc surbaissé surmonté d'un oculus et d'une baie. A l'intérieur : autel et tableau. Au sud de cette chapelle, cimetière, grande croix de bois puis la chapelle de Saint-Clément (église du hameau) qui date de 1830. Elle présente un chevet en demi abside avec à l'ouest le clocher-tour à baies plein cintre surmonté d'un toit pyramidal à quatre faces en ardoise avec embase. Contre le clocher, sacristie avec voûte à croisées d'ogives quadripartites. La façade s'ouvre plein cintre avec encadrement de marbre et deux oculus au-dessus. A l'intérieur, maître-autel avec dorure, grand tableau, meubles, chapelles sur les bas-côtés, faux narthex avec baies plein cintre à vitraux de part et d'autre.

Traverser le hameau (fontaine), laisser un tracé rouge s'écarter à droite et continuer vers l'ouest avec le tracé jaune. Effectuer une courbe au sud en franchissant le torrent du Riou du Prat sur un pont de bois qui l'enjambe (cascade).

Hors itinéraire

A gauche, par une petite trace, on peut rejoindre à environ 200 m une petite chapelle sur l'épaulement d'un éperon. Construction en bâtière avec une grande croix de bois au sud.

Progresser régulièrement à travers un bois de noisetiers et de sorbiers. Passer sous un chalet et arriver au hameau de Mareilles (alt. 1 570 m), bifurcation.

— **Du hameau du Châtelard : 35 mn.**

Curiosité

A la sortie du hameau se trouve une petite chapelle avec au sommet un clocher-mur. A l'intérieur, plafond voûté en berceau avec corniche en doucine ; autel et tableau.

A l'entrée du hameau, prendre à droite vers le nord ; c'est maintenant une progression par une succession de lacets dont la côte régulière est agréable à travers un bois d'érables et d'acacias, puis dans un mélézin jusqu'à une bifurcation (alt. 1 855 m).
— Du hameau de Mareilles : 1 h 00.

Laisser le chemin de gauche (barrière). Avec le tracé jaune, poursuivre directement vers le nord ; passer sous une construction en partie en ruines et atteindre le torrent de Bachasse enjambé par un pont de bois (alt. 1 910 m). Le chemin traverse ensuite des alpages, et rencontrer un croisement (fléchage), (alt. 1 936 m).
— De la bifurcation alt. 1 855 m : 15 minutes.

Abandonner le bon chemin pour s'engager à droite sur une trace rectiligne herbeuse dont la pente, très prononcée, conduit à l'entrée d'un bois où le sentier souvent boueux est assez mal marqué. Être très vigilant quant au tracé jaune. Traverser le torrent du Riou de Crouès et par une sente gagner le vieux hameau du Serre où l'on ne trouve que des ruines dont celle d'une chapelle (alt. 1 860 m) et deux constructions encore utilisées. (Cheptel pendant la saison estivale). Traverser ce hameau jusqu'au niveau de la dernière maison ; sur un vague éperon, une sente descend à droite (est) pour revenir ensuite au sud afin de rejoindre le Riou du Prat (alt. 1 770 m). A gauche, vers l'est, suivre la rive gauche du ruisseau par un chemin d'abord labouré à cause de l'installation d'une conduite d'eau, puis herbeux vers le nord suivi à droite par un fil à bétail. A travers pins et mélèzes, rencontrer un chemin transversal (alt. 1 695 m).
— Du croisement alt. 1 936 m : 30 mn.

A droite, s'engager sur ce chemin à droite vers le sud-est, traverser le petit hameau du Grach-Haut, et après deux lacets, arriver devant la chapelle du hameau du Grach-Bas à une boucle.
— De l'accès au chemin transversal alt. 1 695 m : 15 mn.

Curiosité

Petite chapelle dévastée au plafond voûté en berceau ; toit en ardoise ; ouverture surmontée d'un oculus en demi-cercle.

Vers le nord, descendre régulièrement et venir rejoindre la route CD29 reliant le village de la Condamine à la station de ski de Sainte-Anne (alt. 1 503 m).
— Du Grach-Bas : 10 mn.

A droite, vers l'aval, suivre la route vers le sud-est, après deux boucles, se trouver à la bifurcation avec le chemin vicinal conduisant au Châtelard (alt. 1 437 m), (chapelle Saint-Roch).
— De l'accès à la route : 10 mn.

Curiosité

Édifice avec une voûte à croisées d'ogives quadripartites ; au-dessus de la porte, baie carrée ; toit de tôle ; en état de vétusté.

LES MÉTAIRIES / 129

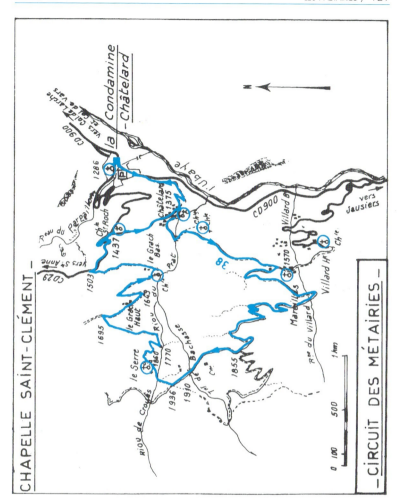

A droite, vers le sud, parcourir le chemin vicinal qui descend au hameau du Châtelard (alt. 1 375 m).

— **De la route CD29 : 15 minutes.**

Avec le parcours effectué au début du circuit, en sens inverse, revenir au village de la Condamine-Châtelard (alt. 1 286 m).

— **Du hameau du Châtelard : 15 minutes.**

— **Total du circuit : 3 h 45.**

A NE PAS MANQUER D'ALLER VISITER

I. Commune de la Condamine-Châtelard

• *Église Sainte-Catherine* : édifice de 1822 ; il présente une façade avec une porte en arc plein cintre à encadrement à chapiteaux ; niche au-dessus avec statue de Sainte-Catherine et oculus à demi-cercle avec lobes aux angles inférieurs. Clocher-tour avec un toit en flèche pyramidal à huit faces à embase couvert de tuiles d'ardoise. A l'intérieur, on pénètre par un narthex ; nef à deux travées avec sections d'arcs ogivaux ; chœur voûté ; petites chapelles sur les bas-côtés ; beau tableau ; fonts baptismaux carolingiens en marbre sculpté ; maître-autel très décoré.

• *Chapelle au Haut-Villard* : petit édifice remarquable.

• *Chapelle Sainte-Anne* : (vers la station de ski). De 1876. Édifice à claire-voie surmonté d'un clocher à piliers sous une dalle de lauze inclinée. Nef et abside de chœur avec sections d'ogives ; plafond en berceau surbaissé peint en bleu avec étoiles. Restaurée. A droite, croix et source.

II. Commune de Jausiers

• *Église Saint-Nicolas-de-Myre* : (classée M.H.). Édifice Jésuite du XVIIIe siècle. Sa façade très décorée s'ouvre en plein cintre à mascaron sous un fronton curviligne interrompu par une niche. Cadran solaire de part et d'autre de l'entrée ; au-dessus, triple baies dont celle du milieu est plus importante. A l'arrière gauche, clocher-tour à trois niveaux, au troisième niveau double baies cintrées lancéolées sous entablement et toit pyramidal à huit faces et quatre gâbles. Le toit est en bardeaux de mélèzes. La porte en bois est très décorée. On pénètre par un narthex dans une nef à quatre travées sous la voûte de tuf ; chœur dans une abside voûtée avec croisées d'ogives à médaillon ; baies plein cintre ; dans chaque travée de la nef, huit chapelles très fournies avec tableaux ; maître-autel gigantesque avec retable ; décoration style Louis XIV ; fonts baptismaux en marbre blanc sculpté dans un baptistère ; bénitier sur pied en marbre vert. Les décors intérieurs manifestent une influence italienne. (Connue aussi sous le nom de Saint-Jean-Baptiste).

• *Chapelle Saint-Roch* : (à la Frache). Restaurée en partie récemment.

• *Chapelle Notre-Dame-de-la-Salette* : (aux Davids-Haut). Véritable monument qui s'ouvre sous un porche à trois arcades plein cintre soutenues par quatre piliers à chapiteaux ; au-dessus, oculus et baies plein cintre sur chapiteaux corinthiens à feuilles d'acanthes de chaque côté. Dans le fronton, petites baies cintrées lancéolées ; clocher à lanterneau en bois avec toit pyramidal à quatre faces rhomboïdales à fleuron sommital. Intérieur meublé ; grand tableau ; abside de chœur.

• *Statue Notre-Dame-du-Très-Haut* : (à la Cime de la Bonette). Point de vue.

III. Commune de Faucon-de-Barcelonnette

• *Clocher-donjon de l'Ancienne Église* : (classé M.H.). du Xe siècle. Il se compose de quatre étages sous entablement ; au quatrième s'ouvre sur chaque côté une triple baie brisée séparée par des colonnes. Sur l'entablement, tour octogonale percée de baies plein cintre et couverte d'une pyramide bulbée à six faces.

• *Chapelle Saint-Jean-de-Matha* : couvent de l'ordre des Trinitaires qui date de 1193. L'édifice s'ouvre par une porte à cintre surbaissé avec infléchissement aux angles. Clocher-tour avec flèche hexagonale. Coursives sur les bas-côtés.

N° 39– SOMMET DE LA TÊTE DURE
CHAPELLES DE LA VALLÉE DE L'UBAYETTE

Très belle ascension au parcours agréable et varié. Beau point de vue au sommet.

Temps du parcours : 4 h 00, montée 2 h 30, descente 1 h 30

Dénivellation : montée 980 m ; descente 980 m

Kilométrage : 10 km

Cartographie : carte IGN au 1/25 000e feuille n° 3538 ET – TOP25 "Aiguille du Chambeyron-Col de Larche et de Vars"

Description de l'itinéraire

Au village de Larche (alt. 1 666 m), parking, gîte d'étape.

A la sortie sud-est de l'agglomération, juste après le pont qui enjambe le ravin de Rouchouse, prendre un chemin vers le nord-est (tracé jaune) qui longe à gauche le mur du cimetière et surplombe à droite (rive gauche) le torrent. Par une côte régulière, entre des prairies, gagner le haut d'un téléski situé à l'orée de la forêt (alt. 1 812 m).

— Du village de Larche : 20 mn.

Maintenant ce n'est plus qu'un petit sentier qui progresse régulièrement dans un évasement, esquissant une vingtaine de lacets, afin de venir buter contre un petit chemin transversal ; (à gauche, plantations expérimentales). Prendre donc à droite en traversée dans le mélézin pour rejoindre le haut d'un autre téléski (alt. 1 914 m).

— Du haut du premier téléski : 15 minutes.

A gauche de ce dernier, par un petit sentier herbeux, pénétrer dans le bois et monter régulièrement par un enchaînement de lacets (myosotis, sainfoins, renoncules...). Après en avoir effectué une bonne trentaine, le parcours est plus clairsemé ; passer au-dessous d'une barrière à vent pour ensuite la franchir en lacets, et par une traversée ascendante et assez aérienne, circuler au-dessus des roubines de la Plates, rejoindre une piste à une aire de retournement (alt. 2 312 m).

— Du haut du second téléski : 1 h 00.

A droite, avec le tracé jaune, parcourir celle-ci vers le sud-est pendant environ 800 m où se trouve un croisement de sentiers (alt. 2 356 m).

— De l'accès à la piste : 15 minutes.

Abandonner la piste pour s'écarter à gauche, vers le nord, par une sente qui gravit une croupe de la Montagne de Pichalp, d'abord dans de la prairie puis dans une zone plus rocailleuse où la côte se redresse assez fortement et forme une véritable arête "Arête des Hommes de Pierres" dont les flancs de part et d'autre sont assez exposés. Atteindre deux magnifiques cairns et plus à gauche

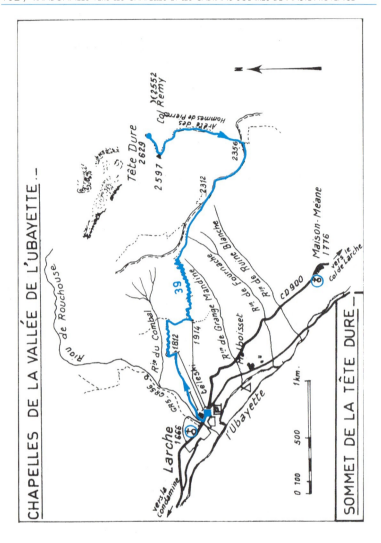

(vers l'ouest) gagner un épaulement (antécime), (alt. 2 597 m), balise géodésique, borne N. G. F. et cairn. Autour, gentianes, asters, joubarbes… Vers le nord-est, par une montée assez modérée, atteindre le sommet de la Tête Dure (alt. 2 629 m), (chaussette d'envol de vol libre).

— **De la piste : 40 mn.**

— **Du village de Larche : 2 h 30.**

Retour par le même itinéraire en 1 h 30 environ.

Point de vue

Très beau : à l'ouest, sur les sommets de la Tête de Viraysse et la Meyna ; au nord, sur le Tête de Sautron ; à l'est, sur la crête frontière dominé par la Tête de Moïse ; au sud, sur le col de Larche et la vallée de l'Ubayette.

A NE PAS MANQUER D'ALLER VISITER

I. Commune de Larche

• Chapelle Sainte-Madeleine : (au col de Larche). Petit édifice au toit en bardeaux ; porte en fer plein cintre ; à l'intérieur, voûte en berceau.

• Chapelle Sainte-Marie-Madeleine : (à Maison Méane). Style moderne. Devant l'édifice, clocher-tour en pierre de forme ovale qui présente une excavation sous le sommet pour loger la cloche.

• Chapelle Saint-Pierre-aux-Liens : (à Larche). Édifice contemporain qui présente un curieux clocher-tour avec au sommet un entrebaillement surmonté d'un fleuron. Au chevet, grand vitrail. Sous le porche, façade peinte par un sujet moderne. Statue très ancienne.

II. Commune de Meyronnes

• Chapelle Saint-Ours : (à Saint-Ours). De 1773, restaurée en style moderne. Elle s'ouvre sur un perron par un cintre surbaissé. (Pour la chandeleur, jour de pèlerinage, personnification de l'ours mythique).

• Chapelle du Vieux Saint-Ours : (au-dessus du village à l'aboutissement d'un chemin de croix). Restaurée récemment, c'est le style d'un petit édifice classique très simple au toit en bardeaux. A l'intérieur, modeste autel en bois ainsi qu'un tableau.

N° 40 – CIRCUIT COL DE MARY
COL DE MARINET – LAC DE MARINET

CHAPELLE SAINT-ANTOINE-DE-MAURIN

Magnifique circuit classique en montagne demandant une connaissance du milieu alpestre. Éviter les jours de temps incertain. A effectuer de préférence du 15 juin au 15 octobre.

Temps du circuit : 5 h 15

Dénivellation : montée 950 m ; descente 950 m

Kilométrage : 18,500 km

Cartographie : carte IGN au 1/25 000e feuilles n° 3538 ET – TOP25 "Aiguille du Chambeyron" et n° 3637 OT – TOP25 "Mont Viso"

Description de l'itinéraire

Du hameau de Maljasset (alt. 1 910 m), gîte d'étape, beau cadran solaire restauré. Parking.

Curiositév

Petite chapelle assez vétuste au toit de lauzes ; au-dessus de la façade clocher-mur ; à l'intérieur, tableau.

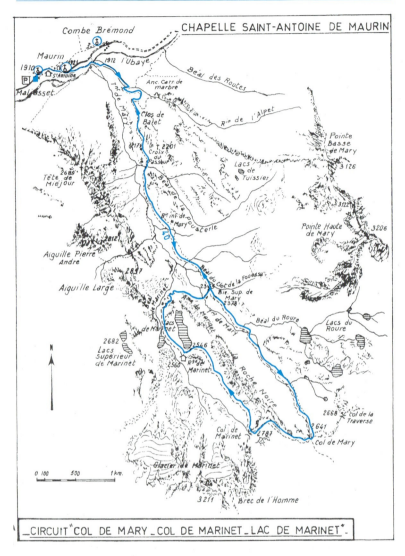

CIRCUIT "COL DE MARY _ COL DE MARINET _ LAC DE MARINET".

Suivre la petite route vers le nord-est en direction de trois grandes croix de bois et de la chapelle Saint-Antoine située dans le cimetière de Maurin (alt. 1 921 m).

Curiosité

La chapelle Saint-Antoine, église des hameaux environnants, est classée Monument historique. Datant du XIIe siècle, de style roman, elle a été reconstruite au XVe siècle. Elle se caractérise par son clocher-tour carré à quatre niveaux dont le troisième niveau est percé d'une double arcature et le quatrième niveau d'entrebâillement de lamelles de bois surmonté d'un toit pyramidal à quatre faces recouvert d'ardoises. Son portail en marbre rose plein cintre comprend *trois voussures sur chapiteaux à tête du roman tardif. Un fronton où se trouve une inscription en patois et un tympan ; au-dessus, oculus trilobé et toit de lauzes en bâtière. Sur le flanc sud, baies et cadran solaire. Autour, enceinte du cimetière dont le mur est classé Monument historique.*

Environ 50 m après, bifurcation. Prendre à droite le chemin de terre qui descend vers l'Ubaye enjambée par un pont de bois (alt. 1 912 m).
— **Du hameau de Maljasset : 15 minutes.**

Franchir la rivière (les tracés jaune et rouge vont jalonner l'ensemble du circuit) et par un large chemin vers le sud-est, s'élever régulièrement dans le mélézin. Tangenter le ruisseau de l'Alpet et s'en écarter à droite par un chemin plus étroit dont la côte se redresse sur un sol souvent rocailleux entrecoupé de paliers. Le bois devient plus clairsemé, les rhododendrons font leur apparition. Traverser le Clos de Balet où l'on est dominé, à droite, par la magnifique aiguille Pierre André et celle de l'aiguille Large ; puis, après un parcours un peu escarpé, se trouver sur un épaulement à droite et au-dessous de la Croix de Passour (alt. 2 171 m).
— **Du pont sur l'Ubaye : 45 mn.**

Le sentier moins raide circule en balcon au-dessus et à gauche (rive droite) du torrent de Mary. Franchir le Béal de la Pousterle et plus loin, passer à environ 150 m, au-dessous de la bergerie Inférieure de Mary au centre d'un enclos (alt. 2 280 m).
— **De l'épaulement alt. 2 171 m : 20 mn.**

Le trajet se poursuit régulièrement souvent ponctué par le cri des marmottes et où le sol est parsemé de renoncules, de pensées, de gentianes, de myosotis, de saponaires, d'anémones soufrées... Traverser le Béal du Clôt de la Fouassa puis atteindre une bifurcation au-dessus des ruines d'un ancien campement militaire et précédant la bergerie Supérieure de Mary (alt. 2 365 m).
— **De la bergerie Inférieure de Mary : 20 mn.**

Laisser le sentier de droite, par où nous reviendrons ; mais rejoindre la bergerie Supérieure de Mary (alt. 2 378 m).

Curiosité

Bergerie en soubassement avec au-dessous le refuge qui comprend une cheminée et un bat-flanc. En bon état.

Passer sur un petit pont de pierre et s'approcher progressivement du lit du torrent de Mary. Franchir le Béal du Roure, issu des lacs de Roure, et traverser le torrent à droite (rive gauche) où l'on circule sur un sol plus rocailleux sous la crête de la Roche Noire à droite et un bastion rocheux à gauche ; revenir ensuite en rive droite (à gauche du cours d'eau), où la montée assez douce se redresse avant d'émerger au col de Mary (ou col de Maurin), (alt. 2 671 m) ; frontière avec l'Italie.
— **De la bergerie Supérieure de Mary : 45 mn.**

Point de vue

Magnifique sur la vallée de Chiappera où se détachent, au fond, les falaises du Monte Castello et de la Rocca Provençale ; le Monte Freide, le Monte Lousa, le Monte Pertusa ainsi que le Brec de l'Homme.

Cadran solaire de Maljaset

Cadrans solaire de l'église Saint-Antoine-de-Maurin

Laisser le sentier qui descend vers le sud-est dans la vallée de Chiappera pour prendre à droite, versant italien, un sentier vers le sud-ouest, sur le flanc de la montagne ; celui-ci s'incline à l'ouest puis au nord-ouest sous le sommet de la Roche Noire. Contourner un cirque vers le sud-ouest et rejoindre le col de Marinet (alt. 2 787 m).

— **Du col de Mary : 20 mn.**

A droite, franchir le col et descendre vers le nord-ouest dans le flanc ouest de la Roche Noire, dominant en rive droite le Béal de Marinet. La pente, prononcée au début, s'adoucit par la suite et aboutit au lac de Marinet (alt. 2 546 m).

Curiosité

Plan d'eau allongé d'environ 120 m de large sur 500 m de long fréquenté par les pêcheurs.

Contourner un bastion vers l'ouest et arriver au refuge-bivouac du Marinet (alt. 2 560 m).

— **Du col du Marinet : 30 mn.**

Hébergement

Petite construction de pierres pouvant abriter huit personnes, très sommaire.

Un sentier dominé à l'ouest par les Aiguilles du Chambeyron longe la rive droite du Béal de Marinet puis un petit lac aux eaux verdâtres. Au pied de l'Aiguille Large, s'incliner à droite, nord, et descendre dans une zone rocailleuse au-dessus d'escarpements et de roubines sous la Roche de Marinet. Revenir à l'est puis au nord-est, franchir le torrent de Mary, passer à gauche des ruines de l'ancien campement militaire (inscriptions sur le fronton) et retrouver la bifurcation (alt. 2 365 m) signalée ci-dessus.

— **Du refuge-bivouac de Marinet : 30 mn.**

Par l'itinéraire emprunté au départ, en sens inverse, revenir au hameau de Maljasset (alt. 1 910 m).

— **De la bifurcation à la bergerie Supérieure de Mary : 1 h 30.**

— **Total du circuit : 5 h 15.**

A NE PAS MANQUER D'ALLER VISITER

• **Chapelle Saint-Antoine** : (au hameau de Saint-Antoine). Façade avec peinture sur le fronton au-dessus d'une ouverture en arc surbaissé s'appuyant sur colonnes à chapiteaux ; toit en bardeaux ; de part et d'autre de l'entrée, baies rectangulaires. A l'intérieur, voûtes d'ogives dans le chœur et la nef ; autel ; peinture et statue de Saint-Antoine. A droite de l'édifice, clocher-tour de 1819 avec baies et toit pyramidal à six faces sur entablement de lauzes.
• **Chapelle de la Transfiguration** : (à Petite Serenne). Datant de 1829, cet édifice a été réalisé en croix grecque surmonté d'une coupole ; clocher-tour gothique ; cadran solaire.
• **Chapelle Saint-Jean Baptiste** : (à Fouillouse). Édifice datant de 1554 ; magnifique cadran solaire.
• **Église Saint-Pierre et Saint-Paul** : (à Saint-Paul-sur-Ubaye, classée M.H.). De style roman, sa façade présente une ouverture plein cintre à cinq voussures sur colonnes à chapiteaux et encadrement à frises lombardes à feuilles sur tympan. Au-dessus, grand oculus à remplage représentant six lobes avec un centre quadrilobé. Le chevet présente des baies lancéolées en arc trilobé ogival gothique et une frise lombardo-romane ; nef à deux travées ; clocher-tour gothique à trois niveaux avec baies géminées au deuxième niveau et triple baies au troisième

niveau avec colonnes à chapiteaux. Sur entablement, toit en flèche gothique en tuf pyramidal à huit faces avec quatre grands gâbles en bas et quatre petits gâbles vers le haut ; pyramidions avec gargouilles à tête d'animal aux angles et crosses sur les arêtes.
• Chapelle Sainte-Marie-Madeleine : (au col de Vars). Ouverture en arc brisé avec encadrement à cartouche ; porte métallique ; fronton triangulaire sous toiture ; baies en arc brisé sur les flancs ; nef et chœur voûtés peint en bleu ; derrière, abside ; clocher-mur sur façade.
• Chapelle Saint-Jacques : (aux Gleizolles). Très bel appareil encadré d'épicéas ; reconstruite après le tremblement de terre de 1952 sur l'emplacement du chœur qui a résisté au sinistre ; belles croisées d'ogives.

Table des matières

AVANT-PROPOS 5
RENSEIGNEMENTS UTILES 7
GLOSSAIRE 12
ITINÉRAIRES 14
N° 1. Circuit de Reclapous (prieuré de Carluc) 15
N° 2. Circuit des Sauvan (prieuré de Salagon) 19
N° 3. Autour de Simiane-la-Rotonde (La Rotonde) 23
N° 4. Circuit des Mourres (chapelle Saint-Pancrace) 27
N° 5. Circuit de la Baume (chapelle Notre-Dame-de-Vie) 29
N° 6. Circuit du plateau de Ganagobie (prieuré de Ganagobie) 33
N° 7. Circuit de la Gardette (chapelle votive Saint-Michel) 37
N° 8. Circuit du Pré du Bourg (abbaye Notre-Dame-de-Lure) 41
N° 9. Circuit de Pariaye (ermitage Saint-Pons) 45
N° 10. Circuit du Vieux Noyer (chapelle Saint-Claude) 47
N° 11. Parcours du Bois du Défens (chapelle
 Notre-Dame-des-Œufs) 50
N° 12. Circuit de Peire Amare (chapelles du plateau
 de Valensole) 52
N° 13. Circuit dans le bois de Vaugiscle
 (chapelle Saint-Marc) 55
N° 14. Parcours du Plan Pelissier
 (chapelle Notre-Dame) 57
N° 15. Circuit de Saint-Maxime
 (chapelle Saint-Maxime) 58
N° 16. Autour de Moustiers-Sainte-Marie
 (chapelle Notre-Dame-de-Beauvoir) 60
N° 17. Circuit du San-Peyre (chapelle Notre-Dame-de-la-Salette) 65
N° 18. Circuit de la Magdeleine (chapelle Saint-Martin) 69
N° 19. Parcours des Pèlerins (chapelle Saint-Joseph-de-la-Pérusse) . . . 73
N° 20. Circuit du Mont Chauvet (chapelle et Crypte de Droman) 75
N° 21. Sommet sud du Cousson (chapelle Saint-Michel-de-Cousson) . . 78
N° 22. Chemin des Pèlerins (chapelle Notre-Dame-de-la-Lauzière) 83

Portail de l'église Saint-Antoine de Maurin

N° 23. Balcon de la Javie (chapelle Notre-Dame) 85

N° 24. Sommet du Blayeul (chapelle de la Transfiguration) 87

N° 25. Sommet du Piégut (chapelle Saint-Jean-de-Piégut) 89

N° 26. L'Adret du Robion (chapelle Saint-Thyrs) 92

N° 27. Parcours des Pèlerins (chapelle Notre-Dame-du-Roc) 95

N° 28. Vallée du Ravin Saint-Jean (chapelle Saint-Jean-du-Désert) 97

N° 29. Chemin des Châtaigniers
(chapelle Notre-Dame-de-la-Salette) 101

N° 30. Rocher du Brec (chapelle Saint-Jacques) 102

N° 31. Circuit du Lac d'Allos (chapelle Notre-Dame-des-Monts) 104

N° 32. Circuit du Bouchier (chapelle Saint-Pierre,
chapelle Saint-Antoine) 107

N° 33. Circuit Pic de Bernardez, Pic de Savernes
(chapelles de Seynes) 109

N° 34. Parcours des Grangeasses (chapelle de la Salette) 113

N° 35. Circuit du Morgonnet (chapelle Saint-Jérôme) 117

N° 36. Circuit des Eaux-Tortes (abbaye Chalaisienne de Laverq) 119

N° 37. Col de la Cloche (chapelle Saint-Médard) 123

N° 38. Circuit des Métairies (chapelle Saint-Clément) 127

N° 39. Sommet de la Tête Dure (chapelles de la Vallée de l'Ubayette) . 131

N° 40. Circuit col de Mary, col de Marinet (chapelle Saint-Antoine) ... 133

Achevé d'imprimer en mars 1997
sur les presses de l'imprimerie Borel & Feraud
13180 Gignac-la-Nerthe
Dépôt légal 1er trimestre 1997

Imprimé en France